Gustavo José Bar...

ORGANIZE MELHOR O SEU TEMPO

Lyndon Jones e Paul Loftus

Tradução de

Lisete Sucupira

CLIO EDITORA

Título Original: Time well spent -
Getting things done through effective time management

Clio Livraria Comercial Ltda.
Av. Paulista, 967 - 14º andar - Sala 9 - Cerqueira César
01311-100 - São Paulo - SP
clioeditora@clioeditora.com.br
www.clioeditora.com.br

Dados Internacionais de Catalogação na Publicação (CIP)
(Câmara Brasileira do Livro, SP, Brasil)

Jones, Lyndon
Organize melhor o seu tempo / Lyndon Jones e Paul Loftus ; tradução Lisete Sucupira. – São Paulo : Clio Editora, 2010.

Título original: Time well spent.
Bibliografia.
ISBN 978-85-7831-041-7

1. Adminstração do tempo 2. Autogerenciamento (Psicologia) I. Loftus, Paul. II. Título.

10-05828 CDD-650.1

Índices para catálogo sistemático:
1. Administração do tempo 650.1

ISBN: 978-85-7831-041-7
Projeto gráfico e editoração: Aga Estúdio
Capa: Gustavo Portela Design
Diagramação: Aga Estúdio
Revisão e Preparação: Texto & Arte Serviços Editoriais
2ª edição: Novembro de 2010

Sumário

Prefácio

Este livro é o resultado do profundo interesse de ambos os autores neste assunto. É baseado na premissa de que é muito importante você conhecer-se melhor antes de começar a administrar como você usa o seu tempo. Na verdade, você não pode realmente gerenciar o tempo porque ele é uma constante e você não pode fazer absolutamente nada para aumentar ou diminuir o número de horas de um dia. Tudo o que pode fazer é administrar você mesmo em relação à quantidade de tempo à sua disposição. O tempo é um grande equalizador: todos nós temos vinte e quatro horas em um dia, não importa quanto dinheiro temos, nem qual nossa raça, religião, credo, cor, idade ou posição na sociedade.

O livro é dividido em duas seções. Os seis primeiros capítulos tratam de escolhas pessoais, enquanto os demais mostram habilidades gerais para administrar seu tempo de maneira mais eficiente. O livro começa com metas de vida no primeiro capítulo e os dois capítulos seguintes mostram como ajudar você a atingi-las. O quarto capítulo ajuda-o a conhecer-se melhor; isso ajudará você a ver como lidar com o tempo, como indivíduo. O Capítulo 5 lida com o problema da procrastinação; aqueles dentre nós que são procrastinadores crônicos encontrarão ideias valiosas aqui. O Capítulo 6 trabalha com a área da configuração mental, com a percepção e o efeito destes fatores na administração do tempo.

As habilidades tratadas neste livro são aquelas que você não aprende na escola ou na faculdade. Ainda assim, são essenciais para obter sucesso nos negócios. Elas incluem tópicos como a análise do local de trabalho, da carga horária, das interrupções, do gerenciamento das informações e da tecnologia, da delegação, além da habilidade, quase sempre negligenciada, em lidar com um chefe que desperdiça o seu tempo. Atualmente, essas habilidades são consideradas tão básicas quanto a leitura e a escrita. Aqui, você vai encontrá-las claramente descritas. Leia-as, estude-as, pratique-as – e brevemente você estará no controle de sua vida e de seu tempo.

Introdução

Se você pode preencher aquele minuto inclemente
Com sessenta valiosos segundos de distanciamento,
Sua é a terra e tudo o que nela está...

Rudyard Kipling, "If"

Numerosos livros e artigos sobre a administração do tempo têm sido publicados. Então, você poderá perguntar: "por que mais um?". Ao mesmo tempo, muitos programas de administração de tempo foram implantados. Mas o retorno do investimento de uma grande porcentagem deles tem sido realmente muito baixo. Dois fatores, particularmente, contribuíram para que isso acontecesse:

- presumiu-se que os participantes dos programas tinham o controle de seus próprios papéis. No entanto, o tempo das pessoas é governado pelas demandas de outras pessoas – e as prioridades de nossos superiores podem mudar em um piscar de olhos;
- muitos seminários foram organizados em torno do tema, em vez de analisar as necessidades específicas dos participantes. Esses programas focaram-se no "Como". No entanto, o que funciona para uma pessoa com um determinado tipo de personalidade pode não funcionar para

outra. Por exemplo, o uso ineficaz do tempo por uma pessoa pode derivar da procrastinação ou do manuseio deficiente da informação – ou na falha de discernimento entre eficiência e eficácia.

O uso eficiente do tempo não resulta da aplicação de técnicas e princípios inflexíveis. As pessoas são diferentes. O autoconhecimento é essencial para a administração eficiente do tempo. Para estar apto a planejar o futuro, você precisa estar apto a antecipar seu comportamento em situações futuras. E isso requer autoconhecimento.

Muitos de nós sabemos quais são nossos "bandidos" particulares mas, para mudar o comportamento em relação à administração do tempo, é necessário querer que isso aconteça. Os perfeccionistas têm de aprender a fazer as coisas somente até o ponto em que os padrões sejam atingidos. Suprir as pessoas com dispositivos para economizar tempo e mandá-las para estes programas normalmente não é suficiente para fazê-las desaprender hábitos arraigados e desenvolver novos comportamentos.

Em virtude das mudanças na economia global, a necessidade de se livrar de velhos hábitos e de adotar novas e mais eficientes atitudes nunca foi tão grande. Dentre essas mudanças estão:

- a globalização precisa de uma compreensão maior em relação às diferenças culturais a respeito do tempo. Em diversas culturas orientais o tempo é visto como uma policromia: infindável, sem começo nem fim. Seus limites não fazem parte do vocabulário. Isto faz um contraste marcante com aqueles que adotam o conceito ocidental do tempo, que o vê como monocromático ou linear, uma mercadoria valiosa, por sua escassez. Por este aspecto, o tempo é compartimentalizado, organizado e controlado;

- a tecnologia, especialmente os computadores, está tendo um impacto tremendo, não apenas permitindo que um número crescente de pessoas desempenhe suas funções em casa, mas distanciadas, fisicamente, de suas empresas empregadoras. Isto requer disciplinas diferenciadas.

O acúmulo de funções e a reengenharia alteraram de forma súbita e violenta os conceitos de gerenciamento. As empresas têm menor número de empregados, o que significa que os sobreviventes têm de trabalhar mais e mais eficientemente.

Com as velhas estruturas organizacionais sendo "açoitadas", muitos trabalhos são menos definidos que há vinte anos e novos métodos de trabalho são exigidos. Testemunhamos o aumento do trabalho em equipes. Está surgindo uma espécie de liderança rotativa, ou equipes sem chefia. Nessas situações é mais difícil para um indivíduo priorizar suas tarefas. Em muitos casos, uma equipe é necessária apenas para executar uma única tarefa ou projeto; ocorrem, então, os desmanches e algumas pessoas passam a fazer parte de uma outra equipe. Aprender a ser um gerente ou um participante de equipes mais eficiente exige que a administração do tempo destas pessoas seja muito mais eficaz.

A corporação e o escritório virtual, as terceirizações e as equipes multidisciplinares estão mudando a vida das pessoas. O trabalho não é estável e sua duração é imprevisível. Os empregadores agora precisam oferecer oportunidades de crescimento para seus colaboradores, a fim de garantir uma empregabilidade mais duradoura. E os empregados têm de se encarregar de suas próprias carreiras. Assim sendo, a clareza de objetivos é vital. Da mesma forma que orçamos nossas finanças, precisamos orçar também o nosso tempo.

As quatro idades

Shakespeare escreveu sobre as sete idades do homem. Atualmente, para muitos de nós há quatro idades:

- **Preparando-se para trabalhar.** Este período tem se alongado nos últimos anos, conforme evidencia o crescimento da educação em nível superior.
- **Trabalhando.** Um número menor de anos é gasto trabalhando (apesar de o aumento da longevidade em alguns países ter revertido essa tendência). Entretanto, há um foco maior em equilibrar o binômio trabalho – vida pessoal. Muitas pessoas estão bem financeiramente mas não têm tempo para nada. Tomemos como exemplo a situação nos Estados Unidos, onde uma porcentagem muito alta de pessoas tem apenas duas semanas de férias por ano. Daí, o crescimento da tendência "mande fazer" em vez da tendência "faça você mesmo".
- **A terceira idade.** Este pode ser o período em que as pessoas tenham maior controle de suas próprias vidas.
- **Declínio.** Dependência e morte.

A terceira idade é um fenômeno relativamente novo. Um número crescente de pessoas está deixando a força de trabalho muito antes do que em outras épocas, com um simultâneo aumento da longevidade e reforço da qualidade de vida. A incapacidade entre os mais idosos está declinando abruptamente, graças aos transplantes de órgãos e ossos, cirurgias de córnea a laser e outros milagres da medicina moderna.

Para muitos, a terceira idade pode ser o advento dos anos dourados. As pessoas são mais saudáveis e, com um planejamento adequado, possuem rendimentos razoáveis, além de não terem mais os grandes compromissos financeiros da juventude, como o pagamento da educação dos filhos e a construção ou amortização de imóveis. Muito importante também é frisar que eles têm maior controle das próprias vidas. No entanto, por mais sêniores que eles possam ter sido durante sua vida profissional, eles foram subordinados a alguém: a um comitê diretivo ou a um órgão governamental. Mas em sua terceira idade, por razões interiores, as pessoas podem fazer o que querem, quando querem.

Assim, a intenção dos autores deste livro é ajudar você a:

- focar seus objetivos, e assim enriquecer sua vida em cada um dos estágios;
- analisar suas forças e tomar atitudes corretivas no caso de alguma fraqueza, tal como a procrastinação;
- usar seu tempo de forma mais eficiente.

Daí, o resto é com você.

Depois de tudo, fica um bom motivo para aprender a administrar melhor o seu tempo: você ficará menos estressado e com um controle maior de sua própria vida.

1

Determinando e atingindo as metas de sua vida

Sonhe sempre alto. Se você mira as estrelas, com toda a certeza não acabará com as mãos cheias de lama. Se você não sonhar com nada na vida, estará sujeito a atingir o nada. Se você não sabe para onde está indo, não importa, realmente, que caminho você faça. As pessoas bem-sucedidas na vida têm sempre uma coisa em comum: sabem para onde estão indo. Cada uma tem um objetivo. Qualquer coisa que a mente possa conceber e acreditar pode ser conseguida.

William James

A educação tradicional foi projetada para ensinar as pessoas a serem obedientes, bem comportadas, diligentes e a aceitar sua posição na vida. Assumia-se, também, que nossa posição era inevitável e determinada por forças além de nosso controle. Uns poucos que não aceitavam essa ideia eram vistos como pessoas instáveis e criadores de problemas em potencial.

Em um crescente número de países, estas atitudes nem de longe acompanham as rápidas mudanças que acontecem no mundo todo e ao nosso redor. Muitas das antigas hierarquias autoritárias entraram em colapso e o mesmo acontecerá com as demais. Seja uma potência como a União Soviética, seja em grandes corporações como a General

Motors, nada ficou imune às mudanças revolucionárias. As forças gêmeas – economia e tecnologia – destruíram as hierarquias repressoras.

Emergiram novas estruturas, muito mais favoráveis e flexíveis, nas quais os empregados têm um relacionamento muito diferente com a empresa. Nesses novos relacionamentos há pouco espaço para as antigas noções de lealdade e progresso. O indivíduo é responsável por sua própria carreira e destino.

Apesar de termos sido criados para acreditar e das mudanças que estão acontecendo pelo mundo, todos nós podemos ter um comando muito maior do nosso próprio destino, *se realmente quisermos isso.* Isso exige de nós não apenas foco, honestidade e positividade, mas o exercício apropriado de determinado grau de autocontrole. Dessa forma podemos atingir os fins desejados sem prejudicar outras pessoas que compartilhem o mesmo meio de vida.

Esperamos que, ao terminar de ler este capítulo, você tenha absorvido e *refletido* a respeito de algumas ideias para estabelecer suas metas, suas prioridades e os métodos para atingi-los. É importante lembrar que determinar metas é um trabalho difícil, que requer tempo e esforço.

Análise SWOT[1] pessoal

Uma ferramenta poderosa para ser usada na obtenção das metas é a aplicação da análise SWOT – forças, fraquezas, oportunidades e ameaças. Esta valiosa ferramenta pode ser usada para habilitar você a listar suas forças, bem como suas

1. SWOT é um acrônimo de *Strengths* (S), *Weaknesses* (W), *Opportunities* (O) e *Threats* (T). Trata-se de uma análise psicológica, geralmente utilizada na área corporativa, destinada a descobrir quais são as Forças (*Strengths*), as Fraquezas (*Weaknesses*), as Oportunidades (*Opportunities*) e as Ameaças (*Threats*) que determinam a forma como as pessoas reagem diante da vida.

fraquezas em relação a conhecimentos, atitudes, gostos e antipatias, reais e em potencial.

Já que você não pode construir um bom desempenho baseado em uma fraqueza, pergunte-se: "Quais são as minhas forças?". A maioria das pessoas pensa que sabe no que são boas, mas, com frequência, elas estão erradas. Para descobrir nossas forças, podemos usar a análise de experiências anteriores, isto é, quando você toma uma decisão crucial, escreva quais são suas expectativas. Seis ou nove meses depois, compare os resultados com as expectativas. Repetindo esse procedimento por algum tempo, suas forças reais tornam-se claras.

Uma vez que você saiba quais são as suas forças e seus pontos fortes, concentre-se neles e trabalhe para melhorá-los – principalmente em suas áreas de alta competência.

A Análise de Experiências Anteriores também revela que as principais razões para um baixo desempenho podem não ser a falta de conhecimento específico ou a negligência de fatores externos à sua área de especialização.

Após a análise SWOT e a Análise de Experiências Anteriores, você pode preparar um plano de ação pessoal para facilitar a obtenção de suas metas. Fazendo isso, reconheça que você precisará da ajuda de outras pessoas para levar seu plano até o fim e com êxito.

A análise TOWS apresenta uma ligeira variação em relação à análise SWOT mais tradicional. Ela usa os mesmos princípios, mas foca primeiro os fatores externos negativos, para depois transformá-los em fatores positivos ou "oportunidades". Esta ideia, de olhar uma determinada situação sob uma perspectiva diferente, tem sido posta em destaque por Heinz Weihrich, professor de Administração da University of San Francisco. Ele enfatiza que "fraqueza é a ausência de força, e o desenvolvimento corporativo no sentido de superar fraquezas pode tornar-se uma estratégia distinta para a empresa".

Estabelecendo metas: O que você quer obter?

De modo geral, as pessoas são muito vagas quando respondem a esta pergunta. Elas podem oferecer respostas como as seguintes:

- descobrir meu potencial;
- ter a satisfação de ter feito um bom trabalho;
- garantir segurança financeira.

Essas ideias indistintas, embora admiráveis como alvos gerais, são muito imprecisas para fundamentar uma possibilidade de sucesso.

Faça uma lista das coisas que você quer fazer, tentar, conseguir, experimentar e possuir antes de morrer. Você também poderá perguntar-se as seguintes coisas:

- O que faz com que eu me sinta inteiramente vivo?
- O que faço realmente bem?
- O que mais preciso aprender para conseguir minhas aspirações?
- Como transformar desejos em planos?
- O que começo a fazer a partir de agora?
- O que devo parar de fazer agora?

Você precisa diferenciar as metas de curto prazo das de longo prazo.

Quando apropriado, pode ser útil visualizar seus objetivos com o máximo possível de detalhes.

Quando uma de suas metas for atingida, dê um prêmio para você mesmo.

Alguns exemplos do estabelecimento de metas podem ser como os seguintes:

- pretendo estar na diretoria da empresa antes de fazer 40 anos;
- quero me casar entre 30 e 35 anos e ter dois filhos;
- dentro dos próximos 10 anos pretendo montar minha própria empresa e deixar de ser empregado;
- antes de me aposentar, meu sócio e eu queremos visitar todos os continentes e pelo menos 25 países diferentes;
- quero ser escolhido para representar meu país nas próximas Olimpíadas.

Veja se consegue identificar cinco grandes objetivos, coisas que você realmente quer conseguir. Há um número de técnicas úteis para ajudá-lo a fazer isso.

Algumas técnicas úteis para estabelecer metas de vida

O estabelecimento de metas é um dos maiores fatores de sucesso, tanto na vida pessoal quanto na vida profissional. Quando estabelece metas, você pode estar buscando segurança, satisfação ou realizacão pessoal. Uma das abordagens é usar a Hierarquia das Necessidades de Maslow. Ele sugeriu que os indivíduos foram motivados pelos cinco níveis de necessidades, a saber:

- **Fisiológico**. Isto inclui alimento, abrigo, vestuário, calor e luz. Cada uma dessas necessidades básicas pode ser satisfeita pelos proventos advindos do trabalho.
- **Segurança.** Uma vez que as necessidades fisiológicas tenham sido satisfeitas, o indivíduo buscará segurança, tanto no lar como no trabalho, tanto no tocante à estabilidade, quanto aos padrões de vida.
- **Social.** A maioria das pessoas quer se sentir desejada e pertencente a uma comunidade. Isso é verdadeiro em relação às horas de trabalho ou às horas de folga.

- **Estima.** As pessoas precisam de reconhecimento. O reconhecimento pode assumir a forma de autorrespeito ou de ganhos materiais.
- **Autorrealização.** Maslow via este último como o nível mais elevado de necessidade, e relacionado à atividade criativa e à busca do preenchimento pessoal.

Outra ferramenta útil para atingir suas metas é fazer uma análise do tempo que você gasta com os diversos aspectos de sua vida. Depois, responda às perguntas da Tabela 1.1.

Com a ajuda que você obterá respondendo a essas perguntas, será possível chegar a alguns novos resultados e diminuir um pouco a pressão e o desconforto que roubam seu tempo, o qual, com certeza, você preferiria despender com atividades mais satisfatórias.

Tabela 1.1 Trabalho e tempo pessoal

Algumas perguntas para você	*Sempre*	*Às vezes*	*Raramente*
Estou gastando meu tempo com coisas que realmente quero?			
Pego-me fazendo coisas que na verdade não quero fazer?			
Gosto do meu trabalho?			
Trabalho durante muitas horas?			
Levo trabalho para fazer em casa à noite?			
Levo trabalho para fazer em casa aos finais de semana?			
Costumo sentir-me tenso no meu trabalho?			
Sinto-me inseguro no trabalho?			
Gosto da vida familiar?			
Passo todo o tempo que eu gostaria - com minha família? - mantendo-me em boa forma física? - me atualizando profissionalmente? - me distraindo com "*hobbies*"?			
Sinto-me culpado quando não estou fazendo alguma coisa?			
Tenho tempo livre suficiente?			

A época em que você estabelece ou revê suas metas é importante. Para muitos, a boa época coincide com a estação do ano mais festiva. Frequentemente é quando as resoluções do Ano Novo estão bem nítidas em sua mente, e há um intervalo no trabalho. É um bom período para refletir – o que consegui concluir durante o ano passado? Estas coisas estavam ou não dentro das minhas metas? O que quero conseguir fazer no próximo ano?

Seu plano de ação pessoal

A fim de progredir em direção à conquista de suas metas de vida, é necessário definir alguns alvos de curto prazo que servirão como marcos intermediários ao longo da jornada. Para chegar nisso, tente trabalhar voltanto, digamos, de um ponto daqui a cinco ou dez anos, no qual você terá atingido plenamente cada uma de suas metas a longo prazo e ver quais são os passos intermediários necessários a cada ano (com intervalos menores no primeiro ano). Com suas metas e estes alvos claramente definidos em sua mente, você poderá notar mais facilmente as oportunidades essenciais para este período. Aqui estão alguns destes alvos intermediários:

- dentro dos próximos três anos eu pretendo aprender espanhol suficiente para conversar com os nativos quando for para o meu *resort* habitual na Espanha/México/Argentina;
- se eu não conseguir uma promoção em nível de chefia nos próximos 18 meses, procurarei um emprego equivalente em qualquer outro lugar;
- antes de fazer 30 anos terei uma casa de quatro dormitórios, em um país que seja próximo a Londres, Dublin, Nova York, Singapura, Sydney, Cidade do Cabo, Montreal (ou onde quer que você pretenda trabalhar).

Note que todas estas intenções são bem específicas e têm um calendário definido. É importante que eles sejam realistas em termos dos recursos que você possui, porque só assim eles poderão fundamentar seu plano de ação pessoal.

Isso exige a definição de um conjunto de passos específicos que você precisará dar, a fim de atingir esses alvos. Eles deveriam consistir de uma sequência de passos cronometrados, e começar com a primeira ação que você realmente deseja pôr em prática *amanhã, na próxima semana ou no início do mês que vem,* a fim de manter as coisas em andamento. Além disso, a sequência deverá mostrar, em ordem cronológica, os demais passos necessários que você precisará dar, até o próximo período de revisão (três ou seis meses seriam bem convenientes), para garantir que você está dentro de seu planejamento e em direção à obtenção das suas metas. A Tabela 1.2 mostra um exemplo.

Agora é sua vez, de novo! Não procrastine. Tente fazê-lo com as situações reais de sua vida, neste momento. Você precisará de um plano de ação para cada um dos seus alvos. Em suma, decida-se, prepare-se e VÁ ao encontro do autodesenvolvimento, da solução dos seus problemas e do enriquecimento de sua vida.

Tabela 1.2 Plano de ação pessoal para os próximos seis meses

Meta: Mudar-se para a Espanha
Objetivo em curto prazo: fluência em espanhol no máximo em três anos

Passo	*Calendário*	*Ação*
1	Hoje à noite	Compartilhar este plano com meu cônjuge
2	Próxima sexta-feira	Fazer a matrícula para o próximo trimestre/ semestre no curso de espanhol mais próximo
3	Próximo pagamento	Comprar CDs de conversação em espanhol
4	Próximo mês inteiro	Desistir da televisão duas vezes por semana, por uma hora, das 9 às 10h da noite, para praticar com os CDs
5	Próximos 3 meses	Fazer reservas para passar as próximas férias na Espanha

Revisão periódica

Raramente as coisas acontecem conforme foram planejadas. As metas deveriam ser flexíveis. Elas podem mudar. Metas e planos deveriam ser revisados em intervalos periódicos, para que nos asseguremos de que ainda são realistas e importantes. Precisam ser checados constantemente, para ver se são compatíveis entre si, com nossas escolhas atuais, ou mudanças em nosso estilo de vida. A obtenção de uma determinada meta – por exemplo, fazer doutorado – pode não ser compatível com uma outra meta, – por exemplo, passar mais tempo com os filhos – enquanto eles ainda são jovens. As prioridades deverão ser reavaliadas periodicamente, a fim de que você tenha certeza de que está gastando seu precioso tempo trabalhando para os fins que lhe trarão mais satisfação a longo prazo. A verificação da realidade pessoal a seguir, é um guia útil para algumas perguntas que você deverá fazer a si próprio durante essas revisões.

Verificação da realidade pessoal

Para verificar se suas metas atuais ainda são realistas, pergunte-se periodicamente: "Estou conseguindo atingir as metas que são realmente importantes para mim?". Por sua vez, isso pode requerer resposta a perguntas como:

- Vida pessoal:
  - Minhas metas profissionais combinam com minhas metas pessoais?
  - Minha vida é como eu gostaria que ela fosse?
- Carreira:
  - Estou no nível que já deveria ter atingido a estas alturas?
  - Se não, por quê?
  - O que eu poderia ou deveria fazer a esse respeito, se é que posso fazer alguma coisa?

- Trabalho:
  - Honestamente, gosto do meu trabalho?
  - Estou buscando realização além de cumprir com minhas obrigações?
  - Estou indo na direção que quero ir?
- Salário:
  - Estou sendo remunerado de acordo com a minha contribuição para com meu patrão?
  - Minha remuneração total (salário + benefícios) está de acordo com as minhas expectativas?
  - Meu salário aumentou nas devidas proporções?

Tendo feito a verificação da realidade, você estará em uma posição melhor para decidir se está trabalhando para o que realmente deseja, em vez de ficar apenas pensando vagamente no assunto. Quando tiver determinado o que de fato você quer fazer, avaliando quais as necessidades reais para conseguir isso, aplique o melhor método que puder imaginar para obtê-lo.

Algumas pessoas evitam o estabelecimento de metas em razão do medo de falhar. A explicação deles é que, se não estabelecem metas, simplesmente não podem falhar. Também podem ter medo do sucesso. Algumas pessoas não se valorizam o suficiente para sentir que merecem o sucesso.

Outra técnica útil para avaliar a eficácia no estabelecimento de metas é o Método SPIRO[2], aqui reproduzido por cortesia da 3M (Inglaterra) Ltd.

SPIRO: critérios para eficácia no estabelecimento de metas

Ao estabelecer metas a curto ou longo prazo, boas intenções não são suficientes – os resultados precisam ser especificados e visíveis.

2. SPIRO, do inglês *Specificity* (especificidade), *Performance* (desempenho), *Involvement* (envolvimento), *Realism* (realismo) e *Observability* (visibilidade).

O primeiro critério é a *Especificidade.* Objetivos generalizados são menos úteis do que alvos específicos, os quais implicam na determinação dos próximos passos que precisam ser dados ou comportamentos que precisam ser mudados. Exemplos:

- Não específico: aprender um idioma estrangeiro.
- Específico: matrícula, próximo setembro, em um curso noturno de francês; assistir no mínimo a dois terços das aulas.
- Não específico: melhorar minhas vendas no próximo ano.
- Específico: conseguir 5% a mais de vendas no próximo ano.

O segundo critério é o *Desempenho.* Alvos orientados ao desempenho são mais eficientes do que os não orientados, quando se trata de um guia do que a pessoa deverá fazer. Exemplos:

- Não orientado: aprender francês.
- Orientado: estudar e ser aprovado em um curso de conversação em francês para principiantes antes de junho.
- Não orientado: conquistar o respeito dos meus colegas de departamento.
- Orientado: fazer pelo menos um ponto positivo em cada reunião de departamento.

O terceiro critério é o *Envolvimento.* Aqui, trata-se da extensão do envolvimento pessoal de um empregado com as metas estabelecidas. Exemplo:

- Não envolvimento: fazer com que meu chefe me trate melhor.
- Envolvimento: reforçar sempre que meu chefe me der respostas construtivas.

O quarto critério é o *Realismo.* Avaliar se as metas são de fácil obtenção e se estão de acordo com a capacidade e os recursos que o empregado têm à sua disposição. Exemplo:

- Irreal: ser promovido a um cargo de chefia até o final do ano.
- Realista: fazer um curso de Gerenciamento no próximo trimestre.

O último critério é a *Visibilidade.* Isto não tem nada a ver com o fato de as outras pessoas poderem ou não ver os resultados, isto é, fica evidente quando a pessoa os atinge ou não. Exemplo:

- Invisível: sentir-se confiante.
- Visível: reduzir o número de vezes que inicio minhas opiniões assim: "Bem, eu não tenho absoluta certeza, mas... ".

Se você puder aplicar esses cinco critérios aos seus objetivos pessoais e aos objetivos de curto prazo no seu trabalho, o resultado será uma compreensão muito melhor da direção que você está tomando e de quais ações são necessárias para chegar lá.

Finalmente, é muito útil deixar-se "abstrair" quando estiver deliberando sobre possíveis alternativas ou atitudes que você precisará enfrentar em sua vida pessoal ou no seu trabalho. Uma técnica útil para analisar isso é a Folha de Balanço (desenvolvida por Irving Janis e Leon Mann), que requer que você responda a algumas perguntas sobre ganhos e riscos para cada alternativa ou ação, classificadas de acordo com as quatro seguintes categorias:

- perdas e ganhos reais para você mesmo;
- perdas e ganhos reais para as pessoas importantes que poderão ser afetadas ou atingidas pela sua decisão;
- seus próprios sentimentos de aprovação ou desaprovação;
- aprovação ou desaprovação das pessoas importantes que poderão ser envolvidas ou afetadas.

Você dispõe cada alternativa em uma Folha de Balanço, descreve seus argumentos positivos ("ganhos") e os argumentos negativos ("perdas") em cada uma das quatro categorias apresentadas. O exemplo na Tabela 1.3 relaciona-se a uma decisão sobre uma aposentadoria precoce.

Com a gama completa de fatores significativos exibidos diante de você (e disponíveis para serem compartilhados com sua esposa/marido, ou outras pessoas importantes, se assim o desejar), você provavelmente ficará menos inclinado a forçar uma decisão apressada, baseada em dados inadequados, e que você poderia, posteriormente, lamentar profundamente.

Meia-idade

Para muitos de nós, a meia-idade apresenta menos restrições que os anos anteriores. Esse é um tempo em que você ganhou autoconfiança por meio da experiência. A ausência dos compromissos familiares deixa-o livre para buscar desenvolvimento pessoal, novas oportunidades de trabalho, reciclagens e explorações, que podem ter sido dificultados anteriormente pelos laços familiares e pela falta de recursos financeiros.

Para manter a vitalidade, você precisa ter um futuro, com metas, ambições e interesses a serem preenchidos. Tendo gasto uma boa parte de sua vida trabalhando para conseguir segurança, você pode ter cometido o engano de vender sua alma pela estabilidade, e ter sacrificado alternativas. E então, a estagnação se instala. Há ainda uma atitude que não é muito natural para ser desenvolvida na meia-idade, considerando-se que é quando você tem muito tempo disponível e poucas pessoas para levar em consideração primeiro. Aprendemos que a infância e a adolescência são os anos de formação, mas aprendemos também que não há nenhuma razão válida para que o processo de desenvolvimento deva sequer diminuir ou parar. O renascimento na meia-idade ocorre quando uma pessoa consegue sacudir os estereótipos e ignorar o calendário.

Tabela 1.3 Folha de Balanço para aposentadoria precoce

	Ganhos	*Perdas*
Perdas e ganhos reais para você mesmo	Maior liberdade de escolha Oportunidades para tentar diferentes atividades lucrativas Fim das pressões do cotidiano profissional Mais tempo para jogar golfe Expectativa de vida mais longa	Substancial diminuição na renda Perda do carro da empresa Perda da ajuda de custo Perda de alguns valores sociais e contatos profissionais Fim do AP (assistente pessoal)
Perdas e ganhos reais para outras pessoas importantes	Menor irritabilidade no lar Mais tempo para passar com a família	Queda no padrão de vida familiar Perda de posição
Autoaprovação ou desaprovação	É tolice continuar sofrendo pressões por parte do chefe	Descontinuidade no uso dos conhecimentos e habilidades Perda da autoestima
Aprovação ou desaprovação de outras pessoas importantes	Minha família ficará feliz por me ver por mais tempo Organizadores locais de eventos beneficentes ficarão felizes por obter maior suporte de minha parte Organizações comunitárias ficarão felizes	Colegas e subordinados sentirão minha falta Amigos poderão sentir que me tornei uma pessoa menos interessante, ou, talvez, um chato

Hoje em dia, nenhum homem ou mulher espera ficar em um único emprego a vida inteira, nem mesmo em uma única carreira. Há muitos períodos de reavaliação, que despertam novas capacidades e maiores profundidades. O tempo sem limitações é uma raridade preciosa, mas, sem estrutura, formato ou valor, realmente não vale muito. Você precisa manter sua identidade e seu senso de propósito.

A terceira idade

Muitas pessoas gastam mais tempo planejando um período de férias do que planejando sua aposentadoria. Isso pode resultar em uma aposentadoria problemática, já que muito da nossa identidade e senso de propósito estão entrelaçados ao nosso trabalho. Além disso, o trabalho pode ser nosso principal canal de criatividade. Assim, analise suas forças e como você as usa no trabalho, bem como você irá usá-las quando se aposentar.

Invista tempo para garantir que você encontrará realização. Isto exige que você cave fundo em seu interior. Desenvolva então um plano de ação com seu cônjuge. Tudo isso deverá ter sido feito antes que chegue o momento de você se aposentar.

Muitas empresas oferecem a seus empregados programas para prepará-los para a aposentaria; portanto, se tiver a oportunidade de participar de um deles, não hesite. Você também encontrará programas alternativos na internet e consultores especializados disponíveis.

O espectro de possibilidades

Como um guia prático para ajudá-lo a lidar com o futuro de forma eficiente, pense em um período de tempo razoável, – por exemplo, daqui a seis meses ou um ano. Em seguida, responda às seguintes perguntas:

- O que poderia me acontecer de pior durante este período?
- O que poderia me acontecer de melhor durante este período?
- O que mais provavelmente me aconteceria durante este período?

Com frequência, uma descrição adicional de cada uma dessas consequências ou eventos, pode ser conseguida incluindo-se fatores como: posição, responsabilidades, influência e quaisquer outros que possam ser considerados importantes. Quando as respostas a estas questões estiverem disponíveis, haverá o início de uma probabilidade de distribuição, como mostrado na Figura 1.1.

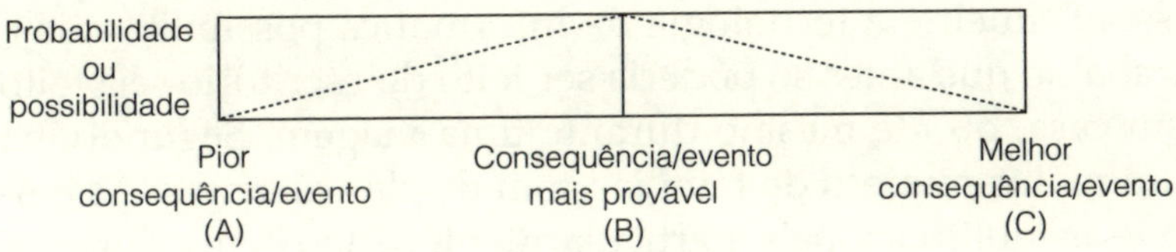

Figura 1.1 Distribuição de possibilidade

Com a definição destes três eventos, todas as possibilidades terão sido cobertas – pelo menos tão longe quanto nossas imaginações nos levarem. Além disso, de acordo com a probabilidade de distribuição normal (a linha pontilhada na Figura 1.1), as maiores possibilidades situam-se próximas ao centro e se reduzem progressivamente em direção aos extremos da distribuição.

É sempre útil ter em mente o que poderia ocorrer se o melhor ou o pior acontecesse, não importa quão pequena seja a probabilidade. De novo, é útil escrever as respostas para as seguintes questões:

- Como você se sentiria se o evento A acontecesse?
- Como você se sentiria se os eventos B e C acontecessem?

Comentários conclusivos

Com um planejamento eficiente, a oportunidade de atingir as metas de sua vida nunca foi tão grande. Até recentemente, a forma como os executivos equilibravam suas vidas pessoais com suas carreiras não era considerada como algo relevante pelos seus empregadores. O que os executivos faziam fora da empresa não era considerado como sendo da conta do patrão. Hoje esta visão está mudando, já que a linha divisória entre vida privada e a profissional está se tornando cada vez mais turva.

Um determinado número de fatores tem contribuído para isso. Primeiro, a tecnologia da informática possibilita que o trabalho que antes só poderia ser feito do escritório seja feito em casa, ou até mesmo durante uma viagem. Segundo, há um maior número de famílias com duplas carreiras. As empresas multinacionais, particularmente, estão bem cientes de que os arranjos domésticos de um funcionário podem ser tão vitais para o sucesso de uma mudança de carreira, quanto nas designações para o exterior.

E terceiro, a descentralização, a reengenharia e os equivalentes têm reduzido muito as oportunidades de carreira. Aqueles que se sintam desapontados por já terem atingido o topo de suas vidas profissionais em uma determinada empresa podem expandir suas atividades fora dela de tal forma que elas podem começar a se assemelhar a um emprego alternativo.

Agora, tendo determinado as metas de sua vida e a maneira como atingi-las, como você usará seu tempo?

2

Aumentando o seu tempo de lazer

O tempo é uma coisa tão engraçada, de lógica é desprovido,
Porque quanto mais você o tem, menos você o terá.

Richard Bradshaw

O tempo é um recurso único: você não pode comprá-lo, implorar por ele, emprestá-lo, pedi-lo emprestado, armazená-lo, roubá-lo ou esticá-lo; ele é efêmero e insubstituível. O passado é irrecuperável, o futuro é apenas um conceito; o hoje é tudo o que temos para trabalhar.

Do mais humilde e pobre dentre nós ao maior e mais rico, temos o mesmo quinhão de 24 horas em cada dia e 168 horas em cada semana. Estes limites existem, não importa como escolhemos usar o nosso tempo. Se quisermos extrair o melhor do tempo, precisamos administrá-lo cuidadosa e eficientemente.

Administrar o tempo está se tornando cada vez mais complicado. Para muitos de nós, equilibrar as responsabilidades no trabalho e no lar, encontrando, ao mesmo tempo, tempo para o lazer, torna-se cada vez mais um desafio. Por exemplo, para muitos empregados o novo tempo é o dinheiro. Certamente, muitos sentem que têm menos tempo.

Isto é decorrente da proliferação de escolhas e atividades que se abrem à nossa frente nos dias de hoje. As pessoas querem fazer, atualmente, muito mais coisas do que jamais fizeram no passado e, em consequência, o trabalho fica no meio do caminho.

Por ser uma mercadoria tão preciosa, precisamos ser seletivos com o tempo que damos aos outros. Assim sendo, a escolha de quanto tempo estamos preparados para dar a outra pessoa, se é que estamos preparados para oferecer algum tempo, é um indicador importante de como nos sentimos em relação a ela. Nós tendemos a devotar uma parcela maior de nosso tempo a pessoas de quem gostamos, e menos para aquelas cuja companhia achamos menos agradável. Uma das coisas mais desagradáveis que podemos dizer sobre uma pessoa é que ela é "uma perda de tempo". Então, ao dar nosso tempo a uma pessoa, ou nos oferecermos para fazê-lo, estamos admitindo tacitamente que ela é importante para nós. Em nossa vida pessoal significa que nos preocupamos com ela; na vida profissional significa que a temos em alto conceito ou estima.

Por tudo isso, a administração do tempo não deveria ser estreitamente definida. Ao contrário, é uma coisa que desempenha um papel muito importante na contribuição para a riqueza de nossa vida.

Uma polegada de ouro não compra uma polegada de tempo.

Provérbio Chinês

Nossas atitudes em relação à pontualidade ampliam este conceito. Somos mais pontuais com algumas pessoas do que com outras? Chegamos atrasados em reuniões presididas por gerentes seniores, ou apenas àquelas convocadas por nossos pares ou membros de equipe? Quanto de respeito, ou falta de respeito, esta atitude indica? Se chegarmos atrasados para uma reunião com um gerente sênior, corremos o risco de receber uma reprimenda; mas se o gerente mais graduado da empresa chegar tarde, os demais presentes aceitarão o atraso normalmente, mesmo que não seja dada qualquer explicação. Realmente, alguns atrasos são deliberados. Eles têm a intenção de indicar que a posição da pessoa é superior, como é o caso no Japão.

O tempo fala, quando se trata de pontualidade, ele fala muito alto. Você consegue imaginar alguém chegando atrasado a uma entrevista de emprego, para pegar um avião, um trem, a uma audiência no Tribunal, ou em reunião com membros do Senado?

Valorizando seu próprio tempo

Em quanto você avalia seu tempo? Se você ganha um salário fixo semanal pelo seu trabalho, qualquer perda de tempo é relativamente fácil de calcular. A Tabela 2.1 mostra um cálculo já pronto para contar o custo dos momentos perdidos e é salutar lembrar o valor envolvido quando várias pessoas estão esperando, ao mesmo tempo (por exemplo, em reuniões), para que uma única chegue. Se você é autônomo, com um valor por hora, ou diária fixa, que poderia estar ganhando um pouco mais com outro cliente, talvez seja mais consciente em relação a atrasos, já que eles podem afetar diretamente o seu ganho. Para a maioria das pessoas, no entanto, a perda de tempo é vista como um aborrecimento passageiro e, mais frequentemente, é vista como uma simples desatenção.

E, depois, eles perguntam-se onde o tempo foi parar. Esta é uma das razões porque é tão importante manter um cronograma. É a única forma de você descobrir para onde está indo o seu tempo.

Tabela 2.1 Quanto vale o seu tempo em termos financeiros?

Cálculos aplicáveis a qualquer moeda						
Salário anual	*Preço de cada unidade de seu tempo*					
	1 min	***5 min***	***10 min***	***30 min***	***1 hora***	***1 dia de trabalho***
10.000	0,05	0,25	0,50	1,50	3,00	21*
15.000	0,08	0,38	0,75	2,25	4,50	32*
20.000	0,10	0,50	1,00	3,00	6,00	42*
25.000	0,13	0,63	1,25	3,75	7,50	53*
30.000	0,15	0,75	1,50	4,50	9,00	63*
35.000	0,18	0,88	1,75	5,25	11*	74*
40.000	0,20	1,00	2,00	6,00	12*	84*
50.000	0,25	1,25	2,50	7,50	15*	105*
60.000	0,30	1,50	3,00	9,00	18	126
70.000	0,35	1,75	3,50	10,50	21	147
80.000	0,40	2,00	4,00	12,00	24	168
90.000	0,45	2,25	4,50	13,50	27	189
100.000	0,50	2,50	5,00	15,00	30	210

* Números acima de 10,00 são aproximados para cima.

Os cálculos foram baseados em um ano de trabalho de 238 dias a 7 horas/dia. Se você é autônomo, deverá fazer os ajustes para seu calendário de trabalho.

Balanço da vida profissional

De tempos em tempos são publicadas pesquisas sobre as atitudes e aspirações do trabalhador médio e dos cidadãos. Um aspecto frequentemente abordado é como as pessoas veem o lazer. Quando indagadas se preferem trocar suas horas de trabalho atuais por mais dinheiro, ou trocá-las por uma semana com menor número de horas de trabalho e um rendimento menor, uma grande proporção opta por mais lazer. Em muitos países desenvolvidos, há uma forte preferência por feriados prolongados, licenças sabáticas e semanas com horário de trabalho reduzido. Muito embora isto não se aplique a todas as categorias de trabalhadores, alguns grupos mostram mais interesse do que outros, particularmente os que ganham altas remunerações, ou pais de família com duas ou mais rendas.

A vida moderna toma grande parte de nosso tempo de lazer, de maneiras diferentes, notadamente nestes casos:

- a intrusão da papelada induzida pelo governo (declarações de imposto de renda, eleições, pesquisas etc.), bem como a manutenção da contabilidade e planejamento do orçamento, significa que mais pessoas estão tendo de gastar seu tempo de lazer no que poderia ser chamado livremente de "manutenção da vida". Isto é aplicável inclusive a quem possui um computador para agilizar alguns desses processos de manutenção de registros;
- muitos de nós estamos viajando, de carro ou de trem, distâncias maiores, diariamente, e as redes de transporte estão cada vez mais congestionadas, de forma que cada vez gasta-se mais tempo no trânsito. Esse tempo extra é uma perda para as pessoas envolvidas e para a economia do país. Essas são, em geral, as horas consideradas mais estressantes e improdutivas;
- a escassez e o custo crescente de empregados confiáveis, significa que mais pessoas gastam mais tempo fazendo os melhoramentos, a manutenção e os arranjos domésticos. Este é um fator que se torna menos agradável e mais cansativo à medida que as pessoas envelhecem;
- a prosperidade crescente nos dá recursos para consumir mais, e este consumo exige tempo. O aumento incessante de consumo exige tempo para adquirir as mercadorias e para também desfrutá-las. Nós temos dispositivos para poupar tempo, os quais, paradoxalmente, exigem tempo para manutenção;
- um grande número de pessoas usa cartões de débito e crédito. Além deles, podemos ter cartões de lojas, para uso em caixas eletrônicos, cartões de milhas, cartões de supermerca-

dos, cartões de farmácias etc. Tudo isso gera extratos mensais que precisam ser checados fazendo-se a verificação com os recibos. O tempo gasto para que tenhamos certeza de que recebemos os créditos corretos e que as cobranças são fiéis dependem do número de cartões que utilizamos, mas a realidade é que estamos gastando muito mais tempo com uma coisa que foi planejada inicialmente para nos poupar tempo. Irônico, não?

- o onipresente telefone celular, o e-mail e outros incrementos significam que as pessoas podem ser acessadas 24 horas por dia, sete dias por semana, independentemente do local onde elas estejam.

Contra este pano de fundo, há uma demanda crescente para que as pessoas usufruam de uma vida com melhor qualidade. Elas querem ter mais controle de suas próprias vidas e mais escolhas de como vão gastar o seu próprio tempo. Isso é demonstrado pelo crescente número de programas de enriquecimento da vida, horários flexíveis, trabalho com rotina variável e, mais do que tudo, pelo elevado número de trabalhadores autônomos.

Em muitos países um número crescente de pessoas estão se tornando ricas em dinheiro e pobres de tempo (*cash-rich, time-poor* [CRTP]), ou seja, seus horários de trabalho são muito extensos e, apesar da remuneração excelente, a qualidade da vida pessoal, em virtude da falta de tempo, é muito pobre, particularmente na meia-idade. Nos últimos tempos está acontecendo uma mudança na cultura "faça você mesmo" para a cultura "mande fazer". No lar, principalmente, essas pessoas estão provocando o retorno dos "criados", muito embora eles não recebam mais esse nome. São agora: babás, domésticas, "*au pair*" etc. É de importância fundamental que façamos melhor uso do limitado tempo para o lazer que temos à nossa disposição. O primeiro passo é analisar para onde está indo o tempo que deveríamos estar usando para nos divertirmos. Pegue uma folha de papel e relacione à esquerda todos os aspectos de sua vida, em ordem de importância para você. Esta lista deve incluir sua família, trabalho, viagens, transporte, dinheiro, saúde, comida, roupas, *hobbies*, e assim por diante. Do lado direito desta mesma folha, faça uma estimativa do tempo que você gastou com cada item de sua lista no mês passado. Compare as prioridades com o tempo gasto. Procure pelos itens que são altos em prioridade mas baixos em tempo gasto. Pergunte-se o que fará com os desequilíbrios. Quando você tiver decidido as mudanças que vai fazer em relação à alocação de tempo nos diversos itens, escreva as novas quantidades de tempo disponíveis para o próximo mês. Passe isso para o seu computador. Imprima duas cópias, uma para deixar em casa e outra para levar ao trabalho.

Tabela 2.2 Análise do tempo

Minha vida	*Mês passado*	*Próximos meses*
Esposa/parceiro (e família)		
Trabalho		
Amigos		
Dinheiro e investimentos		
Recreação		
Sono		
Voluntariado (trabalho comunitário)		
Autodesenvolvimento		
Espiritualidade		
Outros		

Reveja as novas alocações periodicamente e assegure-se de que estejam sempre atualizadas. A Tabela 2.2 ilustra esta abordagem.

Como você gasta o seu tempo livre?

Tirando o tempo que você trabalha para viver, o que consome aproximadamente 1/3 do nosso tempo, e o tempo que passa dormindo, o que consome aproximadamente mais 1/3, há aproximadamente cinco outras atividades práticas, que consomem o tempo que nos sobra. Elas são:

- Necessidades pessoais: tomar banho, fazer a barba, aplicar e retirar maquiagem, trocar de roupas, comer etc.
- Viajar: deslocamento, visita a clientes, fazer telefonemas etc.
- Autocrescimento: estudar, ler, fazer treinamento físico e espiritual.
- Responsabilidades domésticas: compras, supermercado, cozinhar, carregar e descarregar a máquina de lavar pratos, jardinagem, reparos, educar as crianças, lavar roupas, lavar o carro etc.
- Recreação: descansar, ler, férias, *hobbies*, praticar esportes etc.

Apesar de algumas dessas atividades serem opcionais, a maioria não o é. A menos que você seja suficientemente afortunado para trabalhar em casa, muito tempo é gasto com a locomoção de um local para outro. Isso vai variar dependendo da distância entre o seu lar e o seu local de trabalho, do congestionamento do trânsito, do transporte público e do clima.

O primeiro passo para garantir maior tempo de lazer é fazer a análise do tempo gasto em cada uma dessas atividades, durante uma semana normal, conforme a Tabela 2.3.

Esta análise poderá ajudar você a identificar algumas formas de aumentar o seu tempo de lazer, embora, em alguns casos, isso possa ter um preço. Se você mantiver esse tipo de análise por alguns anos, poderá descobrir que o tempo gasto com itens pessoais, autocrescimento e lazer foi continuamente decrescente. Isto é o que queremos dizer com "tempo opcional": você tem a opção de decidir como vai usar o seu tempo. Com trabalho, locomoção e afazeres domésticos, você na realidade não tem opção, mas tem opção com as outras coisas. Estes aspectos estão provavelmente consumindo mais o seu tempo à custa de outros. A melhor administração do seu tempo irá ajudá-lo a encontrar um equilíbrio maior entre suas diversas atividades.

Tabela 2.3 Análise de tempo por atividades durante uma semana normal

Dia	*Trabalho*	*Sono*	*Pessoal*	*Locomoção, autocrescimento, afazeres domésticos, lazer etc.*
Segunda				
Terça				
Quarta				
Quinta				
Sexta				
Subtotal				
Sábado				
Domingo				
Total				

Algumas estratégias para economizar tempo podem incluir algumas das seguintes dicas práticas:

- tente reprogramar suas locomoções, a fim de evitar os horários de pico (usando, por exemplo, horários flexíveis), ou encontrando uma forma de ocupar esse "tempo cativo" (veja "Usando seu tempo de locomoção" e "Fazendo o seu sono trabalhar para você", a seguir);
- agende seus compromissos, sempre que possível, a fim de minimizar a perda de tempo. Algumas esperas são inevitáveis. Realmente, uma enorme parcela de nosso tempo é consumida em esperas: esperamos por encontros, por aviões, trens, ônibus, esperamos na fila dos supermercados e dos bancos. Por isso é importante encontrar formas de usar o tempo de espera de forma efetiva. Por exemplo, sua visita ao médico supostamente deveria ser terapêutica, mas para muitas pessoas a inevitável espera pode levar à tensão. Consequentemente, decida com antecipação como você vai usar o tempo de espera. Se você quer ler jornais, leve o seu, a fim de evitar frustrações e desapontamentos. Ou leve trabalho. Nenhuma das pessoas que

entram pela porta está lá para vê-lo e, quando o telefone toca, não é para você, de forma que poderá ter um tempo produtivo e sem interrupções enquanto espera seu médico. Você pode transformar um evento que potencialmente provoca tensão em um período produtivo;

- pague tantas contas quanto possível pelo débito automático e programe todos os seus cheques para um determinado período de cada mês;
- faça compras pela internet, por telefone ou pelo reembolso postal;
- contrate outra pessoa para fazer as tarefas que consomem muito tempo;
- permute, isto é, arranje um amigo para fazer as coisas que o desagradam mas que ele faz com satisfação e, em troca, faça para ele alguma coisa de que ele não gosta, mas que você gosta de fazer;
- use o serviço de agências especializadas, isto é, deixe que as agências de viagem se preocupem com vistos, passagens e reservas, ou pague por serviços de lavanderia;
- duplique seu tempo, isto é, malhe enquanto vê televisão, use o tempo em que dorme (veja a seguir);
- alterne recursos, isto é, arranje carona com vizinhos e amigos que fazem os mesmos percursos em alguns dias, e leve-os em seu carro em outros;
- faça maior uso dos dispositivos que economizam tempo, como, por exemplo, máquina de lavar louça, secretária eletrônica (esteja você em casa ou não), máquina de lavar roupa etc;
- faça seu serviço de banco usando telefone, internet ou caixa eletrônico.

Todos nós gastamos tempo viajando ou dormindo, o que muita gente acha que é um tempo perdido. Aqui estão algumas sugestões para usar de forma proveitosa o tempo que você gasta com essas funções essenciais.

Usando seu tempo de locomoção

O tempo usado na locomoção de um ponto para outro pode ser analisado. Não importando se você anda de carro ou de metrô, responda às seguintes perguntas:

- Quanto tempo eu gastei me locomovendo nos últimos três meses?
- Quais foram os meus ganhos?
- Os benefícios da locomoção valem o tempo que investi em termos de satisfação e estilo de vida que eu quero ter?
- Se não, quais são as alternativas? Tenho realmente alguma possibilidade real de escolha?
- Se a locomoção é a única resposta, estou fazendo o melhor uso do meu tempo de locomoção?
- Quando estiver me locomovendo, eu poderia:
  - ler mais?
  - ouvir música?
  - trabalhar um pouco com a papelada?
  - planejar alguma coisa ou resolver algum problema?
  - fazer ligações?
  - fazer alguns exercícios físicos?
  - fazer algum teste de memória?
  - aprender um idioma?
  - atualizar minhas habilidades com idiomas estrangeiros?
  - enviar e-mails pelo laptop?
  - fazer pesquisas na internet?
  - checar *websites* úteis?
- Os benefícios de viajar em primeira classe compensariam o custo mais alto?
- Quando meus horários foram flexíveis, escolhi a melhor hora para me locomover?

Fazendo o seu sono trabalhar para você

Não há nada de sagrado em dormir 8 horas e ficar acordado 16. O dia possuir 24 horas é um simples acidente da astronomia.

Além disso, dormir pode não restaurar suas forças se você cai no sono exausto ou tenso, porque as toxinas podem permanecer em seu organismo. Por isso, você poderá achar melhor dispersar seu sono. Mas se você estiver lento e com preguiça depois do almoço, tente tirar uma soneca.

O que você come e bebe antes de dormir também pode fazer diferença. Alguns nutrientes induzem ao sono. O sono não é uma pausa para permitir que um motor superaquecido se recupere. É um período de criatividade, que permite que você trabalhe com coisas que não foram resolvidas durante o dia. Assim, é possível fazer com que o sono trabalhe para você.

Tente estas ideias:

- antes de dormir, coloque algumas questões em seu subconsciente. Frequentemente, ao acordar você poderá ter encontrado as respostas;
- mantenha papel e caneta ou um gravador digital em sua cabeceira para registrar algum pensamento importante que você tenha quando acordar;
- use um *timer* para ativar algum material gravado que você queira aprender de forma subliminar.

3

Escolhendo como gastar seu tempo

Que estranha e angustiante desproporção entre a gloriosa magnitude do anseio e a pequena satisfação que ele traz.

Desmond McCarthy

Grande parte do tempo que gastamos é de forma involuntária: durante os nossos anos de formação agimos de acordo com as escolhas interiores feitas pelos nossos pais e outras figuras de autoridade – professores, guias religiosos, tios, tias e chefes no trabalho. Esta é uma parte de uma teoria muito interessante do Dr. Eric Berne, psicólogo e autor do famoso livro: "*Games People Play*", o qual contém algumas ideias relevantes direcionadas ao ego e à administração do tempo.

De acordo com Berne, essas "mensagens dos pais" afloram em nossas mentes como se fossem registros, conscientes ou inconscientes, todas as vezes que precisamos tomar uma decisão, e ajudam a formatar nossos valores, preconceitos, estereótipos e clichês. Assim sendo, quando confrontados com a escolha do que fazer com nosso tempo, podemos ser profundamente afetados por estes padrões preestabelecidos, os quais são extremamente difíceis de desenraizar. Mas... desenraizá-los é preciso, se quisermos estar no controle total de nossos destinos.

Além disso, Berne diz que há uma outra parte de nós que está sempre agindo de forma a atrair "afagos" – unidades tangíveis de reconhecimento. Todos nós temos uma fome profundamente enraizada de reconhecimento, saibamos isso de forma consciente ou não. Podemos ganhar afagos legitimamente (fazendo um bom trabalho e conquistando apreço e agradecimentos dos que serão beneficiados com isso), ou ilegitimamente (tornando-nos incômodos e forçando atenção de outros jeitos). A total ausência de reconhecimento por períodos muito prolongados é vista como a pior coisa que pode acontecer a uma pessoa e, se levada a extremos pode levar à morte prematura, como resultado da falta de contato humano. Você deve se lembrar de alguns casos ocorridos na escola, ou no trabalho, de pessoas sendo "mandadas para o convento", isto é, sendo totalmente ignoradas. Isto é visto como uma das piores punições que nos podem ser infligidas pelos demais.

Estruturando o tempo

Em virtude da nossa necessidade de receber afagos, consciente ou inconscientemente, estruturamos o tempo que temos à nossa disposição ao redor daquilo que possa nos trazer o tipo de afago e reconhecimento que estamos procurando (ou que estamos preparados para aceitar, se nossas escolhas são muito limitadas).

Berne descreve a maneira como podemos estruturar nosso tempo nas seis seguintes categorias:

- **Atividades.** Ele usa esta palavra para descrever qualquer busca construtiva, criativa ou útil, com a qual possamos nos comprometer. Isto inclui nosso trabalho e muitos tipos de *hobbies*, como: jardinagem, "faça você mesmo", modelismo ou aprender a tocar um instrumento musical.

Alguns afagos advindos destas atividades são genuínos e provenientes do senso de realização e/ou do reconhecimento das demais pessoas.

- **Passatempos.** Isto inclui jogos competitivos e outros tipos de diversões que literalmente "passam o tempo", de forma que nos dá prazer, mas não conquistam, necessariamente, um produto final ou valor financeiro. Se você ganhar, quaisquer afagos que resultem serão à custa de seu oponente.
- **Rituais.** Isto pode abranger qualquer coisa, de um "oi" ou aperto de mão a um coquetel, cerimônia de batismo, um *bar mitzvah*, casamento ou funeral, quando essas atividades são largamente preconizadas pela etiqueta, ou pelos costumes. O reconhecimento intercambiado durante essas ocasiões é frequentemente chamado de "plástico" – não tão bom quanto a coisa real.
- **Retiro.** Para as pessoas muito ocupadas, que precisam descansar, para aquelas que são antissociais ou tímidas, ou para aquelas que simplesmente preferem a própria companhia, o retiro é uma forma de evitar a troca de reconhecimentos durante um período. Isso pode ser conseguido por meio da meditação, pela leitura de um livro, navegando pela internet, ouvindo um CD ou fazendo um passeio sozinho. A principal característica do retiro é evitar o contato humano.
- **Intimidade.** Essa é uma situação de total abertura e confiança entre duas ou mais pessoas, em que os afagos (unidades tangíveis de reconhecimento) podem ser trocados naturalmente, sem pretensões ou ansiedade, e sem a procura ativa de reconhecimentos. Esses afagos são os melhores e mais satisfatórios, mas, para algumas pessoas, os mais difíceis de conquistar.
- **Jogos.** Para pessoas que se sentem privadas de afagos, o jogo, de acordo com a expressão de Berne, é o único meio que lhes resta para ganhá-los – muito embora ilegitimamente. Isto

inclui qualquer forma de intriga pessoal ou política, onde o objetivo é atingir algum lucro ou cobertura à custa de outra pessoa. Os afagos, nestes casos, são obtidos por meio da manipulação e, geralmente, "derrubando" a outra pessoa. Em casos extremos, os jogadores estão preparados para obter um afago negativo, como, caírem junto com o oponente, caso não consigam atingir seus objetivos de outra maneira. De acordo com os padrões de normalidade, fazer tais jogos é uma forma de paranoia ou uma absoluta perda de tempo.

Nem todo mundo aceitará de imediato a afirmativa de Berne, mas certamente ela nos fará pensar! Como gastamos a maior parte de nosso tempo? É em uma caça faminta a afagos, ou em atividades de valor intrínseco e que gerarão afagos genuínos como subproduto? Alguns de nós podemos ser completamente indiferentes aos afagos que recebemos ou de que precisamos?

Só há uma forma de descobrir isso: pegar uma semana normal e fazer uma análise objetiva do tempo que estamos gastando com cada uma dessas seis categorias. Estamos satisfeitos com os resultados, ou há muito comportamento ritualista, muita política ou muito retiro? Há pouquíssima satisfação a ser obtida com qualquer uma destas três categorias.

Diretrizes pessoais

Uma extensão da teoria de Berne diz que a maioria de nós frequentemente falha em curtir o momento presente, em razão de uma ou mais influências poderosas, conhecidas como "diretrizes". Veja a lista a seguir:

- ser perfeito;
- tentar o máximo possível;

- agradar aos outros (ou fazer com que eles nos agradem);
- estar sempre com pressa;
- ser forte.

Muitos de nós possuímos uma dessas diretrizes primárias, geralmente secundada por uma outra secundária, as quais algumas vezes, nos causam um grande sofrimento em nossas vidas. As consequências destas cinco diretrizes, tanto positivas quanto negativas, são mostradas na Tabela 3.1. Qualquer pessoa (e há muitas) que viva à mercê de todas elas merece nossa simpatia – bem como também a merece qualquer pessoa que seja forçada a viver ou trabalhar com ela.

Conhecer nossa diretriz primária – a qual, com frequência, pode ser identificada pelo nosso tom de voz, escolha das palavras, linguagem corporal etc. – pode ser útil para guiar-nos a como gastar o nosso tempo de maneira mais eficaz. Uma vez tendo identificado sua diretriz primária você obterá um conhecimento valioso: o fator que está afetando de forma adversa a boa administração de seu tempo. Tendo feito isso:

- relacione todas as desvantagens;
- demonstre *como* isto consome o seu tempo;
- descreva quaisquer efeitos adversos que isso possa exercer sobre as pessoas que vivem ou trabalham com você;
- decida que mudanças específicas você pode fazer e que reduziriam esses aspectos negativos;
- estime o tempo que você poderia economizar em uma semana implementando essas mudanças;
- após tê-las implantado, compare os resultados reais com suas estimativas. A resposta será, provavelmente, uma agradável surpresa.

Esta autoanálise será apresentada de forma completa no próximo capítulo.

Tabela 3.1. As cinco diretrizes pessoais: vantagens e desvantagens

Diretrizes	*Vantagens*	*Desvantagens*	*Perguntas a você*
Ser perfeito	Efetua uma tarefa de tal forma que não precisa ser refeita. Planejamento cuidadoso. Boa organização – as coisas são encontradas com facilidade.	Perde muito tempo aperfeiçoando trabalhos que não requerem análise detalhada. Explica demais. Pode atrasar projetos em razão do superdetalhamento.	Que projetos dispensam detalhamento excessivo?
Tentar o máximo possível	Envida todos os esforços para realizar as tarefas, mesmo que não seja tão rapidamente quanto seria desejável.	Não usa atalhos. Toma decisões muito vagarosamente.	É realmente tão difícil? Que atalhos podem ser usados para que o trabalho fique pronto mais rapidamente?
Agradar aos outros	Atende às necessidades alheias à sua própria custa. Tenta criar harmonia. Economiza seu tempo para doá-lo a outras pessoas.	Gasta muito tempo tentando agradar todo mundo. Faz muitas perguntas, com muita frequência. Abandona o próprio trabalho para ajudar outras pessoas, deixa-as gastar seu tempo e depois faz horas extras para finalizar as próprias tarefas.	O que precisa ser terminado hoje, apesar de não sobrar tempo para mais nada? Como agradar-se e agradar outras pessoas ao mesmo tempo?
Estar sempre com pressa	Faz muita coisa em muito pouco tempo. Excelente para trabalhos que não requerem muito detalhamento.	Acelera inclusive os trabalhos que precisam ser feitos com cuidado, perde detalhes importantes, causando erros frequentes. O trabalho tem de ser refeito. Não dá tempo para que as devidas explicações sejam feitas. Suposições errôneas consomem um tempo valioso.	Que tarefas exigem total atenção? Quando o tempo para planejar tem de ser encontrado a fim de evitar correrias no final?
Ser forte	Toma decisões racionalizadas, baseadas exclusivamente na lógica. Evita ser incomodado pelos outros. Detesta ser interrompido.	Não se relaciona bem com as outras pessoas. Frequentemente gasta o próprio tempo e o dos demais, também muito valioso, com problemas que poderiam ter sido evitados.	Uma abertura maior com a própria equipe pode evitar problemas? Qual é o medo subjacente que evita a proximidade com as pessoas?

4

Conhecendo-se melhor

Ninguém me conhece melhor do que eu mesmo. Sou uma criatura autossuficiente e não preciso ser informado por intermédio de outrem sobre as minhas fraquezas e forças.

Anônimo

Não obstante a clareza que possamos ter a respeito de nossas metas e a nossa firme intenção de atingi-las, seria tolice ignorar que o caminho em direção ao autoconhecimento será cheio de dificuldades. Nosso tempo deslizará de maneira improdutiva, às vezes sem que sequer o percebamos e, outras vezes, com a nossa aquiescência. Cairemos na tentação de culpar outras pessoas e fatores externos, sem querer admitir que a administração do nosso tempo está totalmente sob o nosso controle. Muitas das dificuldades que surgem, na verdade, devem-se aos nossos bloqueios interiores; nós podemos *achar* que conhecemos nossos pontos fortes e nossos pontos fracos, conforme a citação acima, mas como podemos aferir nossas suposições? Como podemos descobrir e remover nossos bloqueios mentais? Este capítulo mostra como responder a essas perguntas. Pondo em prática o que mostramos aqui, você vai usar o seu tempo de maneira mais eficiente e parar de gastar o tempo alheio.

Para planejar sua vida mais eficazmente e administrar o seu tempo com maior eficiência, você precisa obter melhor conhecimento de si próprio e do efeito que você exerce sobre as pessoas com as quais se relaciona. Você deve estar apto a antecipar mais corretamente como se comportará no futuro em relação a situações desconhecidas. Você precisa estar apto a lidar com o autoconhecimento completo, não importa o quão desconfortável isso possa ser no momento da revelação e sem censurar ou negar qualquer informação que não seja coerente com sua atual autoimagem. Se você está sendo sério em relação a encontrar a resposta para a pergunta "Como sou realmente?", há inúmeros caminhos que poderão levá-lo a este conhecimento.

Testes de personalidade

Muitos testes de personalidade, após intensa pesquisa, são usados normalmente para o aconselhamento de carreiras, formação de equipes, seleção de empregados etc. Muitas vezes consistem de uma série de perguntas que você responde a si mesmo, envolvendo a escolha obrigatória de uma dentre múltiplas respostas. Analisadas como um todo, após terem sido decodificadas e interpretadas por um profissional, elas podem ajudar a construir o perfil de sua personalidade e indicar seus comportamentos prováveis diante de diversas situações. Esses testes ressaltam suas preferências, seus pontos fortes e suas limitações, mostrando o que é necessário para seu desenvolvimento futuro. Os bons testes vocacionais variam consideravelmente, não apenas em relação à finalidade e complexidade, mas também na forma como são aplicados. Alguns dos mais conhecidos em nível mundial são: Myers-Briggs, DiSC e a Regra de Platina, os quais precisam, obrigatoriamente, ser aplicados por profissionais altamente qualificados. Há inúmeros outros bons testes que não têm essas restrições, mas abstenha-se de fazer sua autoavaliação por meio de testes do tipo "faça você mesmo", muito abundantes em algumas revistas e magazines populares, ou na internet; por melhor que sejam, são superficiais, e pior ainda: conduzem a enganos perigosos. Vale mais pagar o preço de um bom profissional; lembre-se: é a sua vida que está em jogo. Os bons testes possuem confiabilidade e instruções padronizadas. Também é muito importante que as normas apropriadas sejam utilizadas, para que as referências possam ser cruzadas de maneira correta.

Um outro detalhe sobre os testes de personalidade: na maioria dos casos o perfil que emerge provém inteiramente de dados que você mesmo forneceu quando respondeu às questões. Assim sendo, não obstante elas tenham sido cuidadosamente planejadas, administradas e analisadas, sempre há uma tênue possibilidade de autoengano por parte da pessoa que está respondendo aos testes e que, conscientemente ou não, optou pelo que lhe parecia ser a mais "respeitável" das escolhas oferecidas. As pessoas são constantemente aconselhadas a se precaver contra isso, oferecendo as respostas da maneira mais espontânea possível e respondendo a primeira coisa que lhes assoma à lembrança. Alguns testes possuem um "detector de mentiras" embutido; eles fazem as mesmas perguntas de formas diferentes.

Uma percepção externa é um corretivo valioso do autoengano, desde que esteja relativamente livre de preconceitos e julgamento de valores. Nós precisamos desenvolver contato com amigos e colegas que não se esquivam de nos dar uma avaliação honesta de nosso desempenho, de nossa conduta e da nossa personalidade, tais como estas se apresentam a eles. Há uma arte e uma habilidade definidas em trocar pareceres desse tipo sem prejudicar o relacionamento entre as pessoas envolvidas.

Indicador de Tipos Myers-Briggs (MBTI)

O Indicador de Tipos Myers-Briggs foi desenvolvido pela equipe composta por Katherine Briggs e Isabel Briggs Myers, mãe e filha. Este teste é baseado na teoria de tipos do famoso psiquiatra suíço Carl Jung.

O Indicador de Tipos Myers-Briggs é um instrumento de autoavaliação que determina suas preferências em quatro escalas: extrovertidos ou introvertido (E ou I), sensoriais ou intuitivos (S ou N), racionalistas ou emocionais (T ou F) e percepção e julgamento (P ou J). Ao terminar o teste, você pode atribuir-se um tipo, designado por quatro letras. O teste é uma ferramenta para descobrir a forma como você prefere perceber e julgar o mundo e é baseado em itens de dicotomia, de tal forma que a escala de interações chega a 16 tipos básicos de personalidade. A Tabela 4.1 mostra os 16 diferentes tipos de personalidade.

Sistema de perfil pessoal (DiSC)

Este sistema também ajuda você a se compreender melhor, através da identificação do seu perfil comportamental e o ambiente que melhor conduziria você ao sucesso. Você recebe 28 grupos de quatro palavras e é solicitado a selecionar a palavra que melhor o descreve e a que menos se assemelha a você, em cada um dos grupos. O motivo pelo qual este teste também é conhecido como DiSC é porque ele põe em relevo as seguintes dimensões do comportamento: domínio (*dominance*), influência (*influence*), firmeza (*steadiness*) e consciência (*conscientioushess*).

Com o domínio, a ênfase é formatar o ambiente superando oposições para obter resultados. As tendências desta pessoa incluem:

- conseguir resultados imediatos;
- agir;
- aceitar desafios;
- tomar decisões rapidamente;
- questionar o que já está estabelecido;
- ser autoritário;
- administrar problemas;
- resolver problemas.

Com a influência, a ênfase em formatar o ambiente é influenciando ou persuadindo os demais. As tendências desta pessoa incluem:

- fazer contato com as pessoas;
- causar uma impressão favorável;
- falar de maneira articulada;
- criar um ambiente de motivação;
- gerar entusiasmo;
- entreter as pessoas;
- ver as pessoas e situações de maneira otimista;
- participar de grupos.

Com a consciência, a ênfase é dada em trabalhar conscienciosamente as circunstâncias interiores existentes, para garantir qualidade e acurácia. As tendências desta pessoa incluem:

- ser atenta aos padrões e às diretrizes-chave;
- concentrar-se em detalhes-chave;
- pensar analiticamente, pesando os prós e contras;
- ser diplomática com as demais pessoas;
- usar abordagens sutis ou indiretas quando em conflitos;
- conferir a precisão ou a acurácia dos que analisam;
- analisar criticamente o desempenho;
- usar abordagem sistemática em suas atividades ou situações.

Com a firmeza, a ênfase é em cooperar com as outras pessoas para levar uma tarefa a cabo. As tendências dessa pessoa incluem:

- agir de forma coerente e previsível;
- demonstrar paciência;
- desenvolver habilidades especializadas;
- desejar ajudar as outras pessoas;
- demonstrar lealdade;
- ser bom ouvinte;
- acalmar pessoas que estejam nervosas;
- criar um ambiente de trabalho estável e harmonioso.

Tabela 4.1 – Os 16 diferentes tipos de personalidade

		Tipos sensoriais (S)		*Tipos intuitivos (N)*	
		Racionalistas (T)	*Emocionais (F)*	*Emocionais (F)*	*Racionalistas (T)*
Introvertidos	Julgamento	ISTJ Sérios, calmos, obtêm sucesso pelo cuidado e pela concentração. Práticos, organizados, realistas, lógicos e confiáveis. Assumem responsabilidades.	ISFJ Calmos, amigáveis, responsáveis e conscientes. Trabalham com afinco para cumprir suas obrigações. Meticulosos, acurados. Leais, considerados.	INFJ Ganham pela perseverança, originalidade e desejo de fazer tudo o que for preciso. Enérgicos e preocupados com os demais. São respeitados por seus firmes princípios.	INTJ Normalmente possuem ideias originais e grande determinação para colocá-las em prática. Céticos, críticos, independentes e determinados, com frequência teimosos.
	Percepção	ISTP Observadores frios – calmos, reservados e analíticos. Geralmente interessados em princípios impessoais, como e por que as coisas mecânicas funcionam. Lampejos de humor originais.	ISFP Reservados, calmos, amigáveis, sensíveis, amáveis e modestos sobre as próprias habilidades. Fogem de discórdias. Leais seguidores. Calmos em relação às coisas a fazer.	INFP Preocupam-se em aprender, com a linguagem e com projetos além dos deles próprios. Tendem a assumir muitas coisas e, de alguma forma, conseguem fazê-las. Amigáveis, mas, com frequência, muito absortos.	INTP Calmos, reservados e impessoais. Gostam de assuntos teóricos ou científicos. Interessam-se mais por ideias e não gostam de festas ou de conversa fiada. Interesses claramente definidos.

		Tipos sensoriais (S)		*Tipos intuitivos (N)*	
		Racionalistas (T)	*Emocionais (F)*	*Emocionais (F)*	*Racionalistas (T)*
Extrovertidos	Percepção	ESTP Práticos, despreocupados, tranquilos, gostam do inesperado. São meio desligados ou insensíveis. São melhores com coisas reais que podem ser desmontadas ou montadas.	ESFP Tranquilos, extrovertidos, acolhedores, amigáveis, fazem as coisas ficarem mais divertidas graças à sua alegria. Adoram esportes e fazer coisas. Acham melhor lembrar-se de fatos do que elocubrar teorias.	ENFP Entusiastas, calorosos, alto-astral, engenhosos e imaginativos. Aptos a fazer qualquer coisa que os interesse. Rápidos em soluções e em ajudar a resolver problemas.	ENTP Rápidos, engenhosos, bons em diversas coisas. Podem discutir cada faceta de uma questão apenas por diversão. Cheios de recursos com os desafios, mas podem negligenciar os compromissos de rotina.
	Julgamento	ESTJ Práticos, realistas, tranquilos, com tendência natural para negócios ou mecânica. Não se interessam por assuntos ou coisas para as quais eles não veem utilidade. Gostam de organizar e supervisionar atividades.	ESFJ Calorosos de bom coração, falantes, populares, conscienciosos, bons colaboradores. Precisam de harmonia. Trabalham melhor com encorajamento. Pouco interessados em pensamentos abstratos ou assuntos técnicos.	ENFJ Suscetíveis e responsáveis. De modo geral preocupam-se de verdade com o que os demais querem ou pensam. Sociáveis e populares. Sensíveis aos elogios e às críticas.	ENTJ Sinceros, francos e bons líderes. Geralmente bons em qualquer coisa que exija raciocínio e conversa inteligente. Às vezes podem ser mais positivos do que sua experiência garante.

A Regra de Platina

De acordo com este livro, a Regra de Platina ensinará você a compreender que muitos comportamentos podem ser posicionados dentro de uma moldura sistemática e previsível. Identifica como os padrões comportamentais influenciam o que uma pessoa quer, suas necessidades e as expectativas que ela tem em relação a você e aos outros, e como esta pessoa comunica isso. Este livro também ensinará você a como se adaptar eficientemente às pessoas.

A Regra de Platina é baseada na premissa de que o comportamento de uma pessoa pode ser classificado em duas dimensões: abertura e franqueza. Ela define abertura como "a prontidão e a boa vontade com que a pessoa aparentemente mostra emoções ou sentimentos e desenvolve relacionamentos pessoais" e franqueza como "a parcela de controle e força que a pessoa tenta exercer sobre situações ou pensamentos e emoções de outras pessoas".

Os comportamentos abertos mostrados neste livro são os seguintes:

- autoexposição;
- livres demonstrações e compartilhamento de sentimentos;
- tomada de decisões baseada em sentimentos (subjetiva);
- a conversação inclui digressões e devaneios;
- relaxado e caloroso;
- acompanha o fluxo;
- opiniões e sentimentos direcionados;
- comportamento tranquilo em situações desconhecidas (comerciais ou sociais);
- flexível em relação ao uso de seu tempo pelos outros;
- prefere trabalhar em equipe;
- aceita e propicia contatos físicos;
- divide e gosta de ouvir sobre sentimentos pessoais, especialmente se forem positivos;

- expressões faciais animadas quando fala ou escuta;
- mostra mais entusiasmo que a maioria das pessoas;
- aperto de mão firme e amigável;
- mais provavelmente oferece respostas não verbais;
- responde a conceitos, sonhos e visões.

A relação a seguir refere-se a comportamentos autossuficientes:

- reservado;
- não demonstra os sentimentos: divide-os apenas na base do "precisa saber";
- tomada de decisões baseada em evidências (objetivo);
- foca a conversa em tarefas e assuntos; não divaga;
- mais formal e conveniente;
- respeita a agenda;
- demora para se adequar a situações desconhecidas, tanto nos negócios quanto na vida social;
- disciplinado em relação ao uso do seu tempo pelos outros;
- prefere trabalhar sozinho;
- evita/minimiza contatos físicos;
- conta e gosta de ouvir histórias interessantes e piadas;
- expressões faciais controladas quando fala ou escuta;
- demonstra menos entusiasmo que a maioria das pessoas;
- aperto de mão formal;
- tem menos probabilidade de oferecer respostas não verbais;
- responde à realidade, a experiências e aos fatos.

Este livro apresenta os seguintes exemplos de comportamentos indiretos:

- abordagens de risco, decisões ou mudanças demoradas e cautelosas;
- pouca contribuição para conversas em grupos;
- uso infrequente de gestos e entonações de voz para enfatizar pontos de vista;

- frequentemente faz afirmações ou declarações qualificadas: "de acordo com minhas fontes...", "eu acho que.... ";
- enfatiza particularidades por meio de explicações sobre o conteúdo das mensagens;
- as perguntas tendem a esclarecer/informar/apoiar;
- tende a não expressar opiniões;
- mais paciente e cooperativo;
- diplomático;
- quando em desacordo (a menos que seja um assunto muito importante), tende a concordar;
- compreensivo;
- contato visual inicial intermitente;
- em reuniões sociais, é mais provável que aguarde que os outros se apresentem;
- aperto de mão gentil;
- tende a obedecer políticas e regras estabelecidas.

E uma relação de comportamentos diretos:

- abordagem de risco, decisões ou mudanças rápidas e espontâneas;
- frequentemente contribui durante conversas em grupo;
- frequentemente usa gestos e entonações de voz para enfatizar pontos de vista;
- frequentemente faz afirmações ou declarações enfáticas: "é assim..." , "tenho certeza";
- enfatiza pontos de vista por meio de entonações vocais confiantes e linguagem corporal positiva;
- as perguntas tendem a ser retóricas, a enfatizar pontos de vista e a desafiar informações;
- expressa opiniões com rapidez;
- menos paciente; competitivo;
- desafiador;
- mantém a própria posição quando em desacordo (discute);
- intenso; agressivo;

- contato visual inicial continuado;
- apresenta-se por conta própria em reuniões sociais;
- aperto de mão firme;
- tende a desviar-se ou quebrar políticas e normas estabelecidas.

Os tipos de comportamento aberto, autossuficiente, direto e indireto combinados levam a quatro estilos que refletem os tipos de caráter gerais, a seguir: gregário, líder, pensador e relacionador.

5

Evitando a procrastinação, a ladra de tempo

Venho tentando, há tempos, fundar uma associação nacional de procrastinadores, mas eu simplesmente ainda não tive tempo para isso.

Anônimo

A afirmativa acima é típica de uma certa fraqueza a que todos nós cedemos, de tempos em tempos. Procrastinação – o hábito de adiar, ou fazer coisas de baixa prioridade em vez das que são de alta prioridade – é prática generalizada de perda de tempo e que pode ter um preço muito alto. Por exemplo, a procrastinação pode levar a:

- consequências externas que variam de comparativamente inócuas (juros decorrentes do não pagamento de uma fatura de cartão de crédito no vencimento) a alguma coisa muito mais séria (perda do emprego);
- consequências internas que podem variar de uma leve irritação consigo próprio a uma insatisfação extrema e infelicidade.

Nem todos os adiamentos são procrastinações; às vezes há razões perfeitamente válidas para não correr e tomar uma decisão hoje, quando você sabe que faz mais sentido devotar o dia de amanhã para pensar no assunto com mais cuidado. Se um trabalho pode, legitimamente, esperar, se tem baixa prioridade, ou você está esperando por uma informação que poderá melhorar a qualidade de uma eventual decisão, há toda a razão do mundo para você aguardar. Às vezes, um problema poderá resolver-se automaticamente, se deixado para depois. As práticas da boa administração incluem saber quando e por quanto tempo não se deve mexer em certas coisas. Às vezes, a decisão mais racional é a "não ação".

Mas isto, de forma alguma, é sempre o caso. A procrastinação traz consigo um amplo elemento de irracionalidade. Nós colocamos de lado a solução de algumas dificuldades porque simplesmente não queremos nos aborrecer com elas neste momento, ou porque temos coisas mais interessantes com que nos ocuparmos. Nos envolvemos em tarefas de baixa prioridade e vamos adiando indefinidamente as de alta prioridade por razões que não podemos defender logicamente – talvez por medo das consequências. A procrastinação é a decisão de não decidir, ou uma decisão por negligência. Está relacionada à incompetência e à ineficiência.

Algumas desculpas para a procrastinação

Daqui a um ano, será realmente importante que eu não tenha feito isso?
Se eu esperar bastante, o chefe acabará esquecendo disso.
Se eu fizer isso, eu simplesmente farei errado.
Já está muito tarde para começar a fazer isso.
Vou esperar até que eu esteja com vontade de fazer isso.
Já trabalhei muito por hoje, mereço um descanso.
Não tenho as ferramentas adequadas para este trabalho.

Foi comentado a respeito do editor de um jornal, famoso por suas indecisões: "A indecisão do editor é decisiva".

Como as pessoas procrastinam

Ser obrigado a tomar decisões pode causar considerável tensão, o que acaba levando as pessoas a desenvolver diversas técnicas para evitar tomá-las. Isto inclui:

- designar um comitê para atrasar a tomada de uma decisão. Uma boa definição de comitê é: um grupo de pessoas que, individualmente, prefere não fazer nada e que, coletivamente, reúne-se para decidir que nada pode ser feito;
- procurar esclarecimentos solicitando:
  - mais detalhes;
  - razões para as mudanças;
  - as consequências das mudanças; este método de paralisar para analisar pode atrasar a decisão solicitada, frequentemente com consequências prejudiciais;
  - usar o método da negação: negando que uma decisão tenha de ser tomada;
  - confundir o assunto;
  - confundir a solicitação, particularmente com o uso de jargão de duplo sentido;
  - devolver o problema, falando para o solicitante que o problema é dele, não seu.

Algumas razões pelas quais as pessoas procrastinam

A procrastinação pode ter uma grande variedade de causas, incluindo:

- Evitar tarefas desagradáveis. Há um paradoxo em relação a isso. Quando a procrastinação deriva do desejo de evitar fazer coisas desagradáveis ou que possam provocar críticas, a procrastinação, por si própria, provavelmente aumentará o desagrado, já que o trabalho ainda assim terá de ser feito. Além disso, a demora ou falha na ação poderá gerar problemas não apenas para a pessoa, mas também para os outros.

- Contabilizar o custo da demora. Isso poderá ajudar a pôr as coisas em movimento. Se você se pegar tentado a procrastinar, pergunte-se: "quais os problemas que estarei criando para mim mesmo?". E se você descobrir que não está querendo viver com esses problemas, não procrastine!
- Independentemente da abordagem adotada, antes de começar um trabalho dê alguma atenção ao ambiente. Assegure-se de que não haja distrações, tais como telefonemas ou visitas. Quando terminar o trabalho, recompense-se. O tamanho da recompensa deverá ser proporcional ao tamanho da tarefa que você executou – de uma pausa para um cafezinho até um fim de semana no clube de golfe, como você está se prometendo há tanto tempo.
- Evitar tarefas difíceis. Algumas tarefas não são levadas a cabo porque a pessoa responsável por elas pode achá-las muito complicadas. Neste caso:
  - é possível desdobrar o trabalho em subunidades que possam ser executadas mais facilmente;
  - é desejável gastar algum tempo considerando o assunto antes de dar início ao trabalho, ou pedir que alguém ajude-o a entender a tarefa. Muitas coisas que não nos são familiares parecem ser difíceis, mas na realidade não o são.
  - comece o trabalho durante as primeiras horas, quando você estiver se sentindo em um ponto alto, tanto física quanto mentalmente;
  - verifique se os seus padrões não estão muito altos, já que o perfeccionismo, em alguns casos, é desnecessário e injustificável.
- Temor de cometer um erro. Isso pode ser proveniente de você mesmo. Aqueles dentre nós que sentem medo de errar deveriam manter uma "relação de temores" em relação às coisas que sentimos que podem não dar certo.

Periodicamente verifique quantas se concretizaram; quando estiver de posse desse conhecimento, sua confiança vai aumentar. Trabalhe em cima disso. Uma tomada de decisão não deveria ser vista como um problema, e sim como uma oportunidade.

O medo de cometer erros frequentemente ocasiona procrastinações até que todos os fatos estejam disponíveis (que sejam conhecidos), ainda assim, em muitas circunstâncias a demora na tomada de uma decisão pouco adicionará em termos de qualidade, se é que acrescentará alguma.

Alternativamente, a procrastinação poderá acontecer em função de outras pessoas. Os administradores, gerentes (e os pais) podem estar exigindo a perfeição de seus subordinados (ou filhos), e qualquer pequeno engano ou erro pode acarretar punições. Quando isto acontece, a perfeição tem pouca probabilidade de ser alcançada, porque a situação gera muita ansiedade e tensão, as quais, por sua vez, atrapalham ou retardam o desempenho requerido.

- Hábito. Se permitirmos que as pessoas deixem as coisas "para lá", este comportamento pode tornar-se um hábito. A mentalidade "nunca deixe para amanhã o que pode fazer hoje", requer uma programação de ações positivas destinadas a construir bons hábitos. O desenvolvimento de bons hábitos não muda a tarefa que tem de ser executada, mas com certeza muda a percepção e as atitudes das pessoas.

  Para substituir hábitos antigos por novos, você deverá:
  - identificar o que deseja que seja mudado, mas não tentar muitas mudanças de uma única vez;
  - idealizar novas rotinas para substituir as antigas;
  - estabelecer metas desafiadoras com clareza;
  - iniciar a mudança imediatamente;
  - lançar-se aos novos hábitos com comprometimento e força;
  - anunciar publicamente a mudança;

- praticar os novos hábitos sem exceções, até que eles estejam firmemente enraizados;
- reconhecer que serão necessários tempo e prática até que os resultados desejados sejam alcançados.

Há ainda algumas outras razões, ainda que inconscientes, para que as pessoas tornem-se procrastinadoras crônicas:

- gostar de exercer poder sobre as demais pessoas;
- evitar aproximar-se dos problemas pessoais das outras pessoas;
- evitar responsabilidades;
- simplesmente preguiça.

Excitação

Algumas pessoas deixam para fazer as coisas até o último instante porque acham excitante enfrentar metas apertadas. Somada a isso está a impressão que elas desejam causar aos demais – por exemplo, que são pessoas sobrecarregadas, que trabalham sob pressão, mas que conseguem chegar com tudo pronto e bem na hora – muito embora o seu relatório de última hora pudesse ser mais oportuno e útil se chegasse um pouquinho antes.

Algumas formas de evitar ou corrigir a procrastinação

O jeito mais efetivo de lidar com tarefas desagradáveis é programá-las para as primeiras horas do dia. Quando isto não for possível, elas devem ter seu início programado dentro de um prazo rígido. A pressão do prazo rígido serve como um estimulante à ação. Se necessário, deixe mais alguém saber do prazo que foi estabelecido, já que a quebra de um compromisso pode tornar-se embaraçoso. Também é relevante lembrar-se de que, quando fazer um trabalho torna-se difícil, a dificuldade vai embora quando o trabalho termina.

Se uma tarefa parece muito complexa para ser executada de uma só vez, use o que Allan Lakein chamou de "A Técnica do Queijo Suíço", isto é, faça alguns "buracos" (neste caso, representados pelas coisas mais fáceis, que deverão ser executadas em primeiro lugar); ao dar continuidade à tarefa a partir desses buracos, estes irão se alargando e acabarão se encontrando, formando um todo.

Como alternativa você pode usar o princípio "dividir para conquistar", ou seja, quebrando uma grande tarefa em pedaços menores e "atacando" um pedaço por vez. É mais ou menos parecido com devorar um elefante, pedaço por pedaço.

Com estes métodos você pode aproveitar quaisquer intervalos de cinco ou dez minutos, que sobraram de outras tarefas e compromissos, para visualizar o "monstro"; assim, você estará mais bem equipado mentalmente para iniciar o "combate". Se possível, envolva mais alguém para fazer as partes que considera mais difíceis, ou para as quais está menos preparado (veja o Capítulo 18). Dessa maneira o trabalho pode ir em frente, mesmo que você também esteja engajado com outras coisas. Se precisar executar o trabalho sozinho, tente iniciá-lo sempre nas primeiras horas do dia (veja o Capítulo 7), quando você está em seu pico, tanto física quanto mentalmente.

Agende um horário para as preocupações

Agende um horário para se preocupar, por exemplo, às 5h da tarde, todas as terças-feiras. Fazendo isso e seguindo o cronograma à risca, você verá que grande parte das suas preocupações resolveram-se sozinhas.

Se você é uma daquelas pessoas que vivem com medo de cometer um engano, examine os seus próprios padrões para ver se não foi você mesmo quem os colocou muito altos para a tarefa que tem em mãos. Os perfeccionistas deverão lembrar-se do ditado "O ótimo é inimigo do bom", e perceber que um engano do tipo ficar procurando um Rolls-Royce, que só estará disponível daqui a uma semana, para oferecer a um cliente que precisa de um Volkswagen agora, pode sair muito caro.

O princípio de Pareto: o pouco vital e o muito trivial

O princípio de Pareto (também conhecido como a Lei de 80/20), afirma que 80% da maioria dos trabalhos poderia ser feita com 20% dos esforços disponíveis, e que são os restantes 20% que consomem a maior parte do nosso tempo e das nossas energias. Pergunte-se se são os 20% remanescentes (isto é, "enfeitando" o trabalho) as causas reais de sua demora, e se você poderia nocautear os primeiros 80% na próxima vez. Os 20% extra realmente merecem suas preocupações?

Inumeráveis exemplos desta equação 80/20 podem ser encontrados em diversos setores da vida, especialmente nos negócios. Por exemplo:

- 80% das vendas são ganhas, frequentemente, por 20% dos produtos de uma empresa;
- 80% dos lucros (e das reclamações) são provenientes de 20% dos clientes (claro que não os *mesmos* 20%);
- 80% das chamadas telefônicas são feitas por 20% dos assinantes;
- 80% das licenças médicas são concedidas a 20% dos empregados de uma empresa;
- 80% do total de tempo dos telespectadores é gasto assistindo a 20% dos programas mais populares.

Este princípio recebeu este nome em homenagem ao economista italiano Vilfredo Pareto, que no século XIX estudou a distribuição da riqueza em diversas sociedades. Em quase todos os casos que ele estudou, o "pouco vital" confirmou-se, no sentido de que cerca de 80% de toda a riqueza estava nas mãos de no máximo 20% da população.

É muito fácil identificar os campos nos quais esta regra 80/20 é aplicável. Algumas vezes os percentuais podem ser um pouco maiores ou um pouco menores, mas a regra é confiável em 80% das vezes! Se você estiver com alguma dúvida, poderá criar um gráfico cumulativo de frequência × volume para testar. Por exemplo, você pode suspeitar que uma alta proporção dos lucros com vendas de uma empresa é registrada em uma pequena quantidade de cartões; neste caso, os cartões podem ser relacionados por ordem de valores descendentes, mostrando o lucro cumulativo e o percentual total dos lucros; os resultados serão plotados no gráfico.

Uma distribuição típica de Pareto poderá mostrar:

- cerca de 20% de itens realmente significativos;
- talvez mais 30% de itens com alguma significância;
- o restante de significância desprezível.

Os itens podem ser codificados em A, B e C e usados futuramente da seguinte forma:

- os itens A deverão ser manipulados em detalhes e controlados com rigor;
- os itens B deverão ser manipulados com algum respeito;
- os itens C deverão ser tratados da maneira mais rápida e econômica possível, como, por exemplo, usando-se métodos de amostragem para controle.

Na prática, há muita pressão por uniformidade e uma parcela de tempo desnecessária é gasta para a conferência detalhada do trivial. Uma abordagem mais inteligente em termos de efeito vital na linha de partida é concentrar maiores esforços e mais tempo no "pouco vital".

Você é um procrastinador?

Muitos de nós desconhecemos a real extensão da nossa procrastinação. Nem a procrastinação aparece em todas as facetas do nosso comportamento. Por exemplo, tente compilar uma relação de atividades que inclua:

- trabalho;
- afazeres domésticos;
- cuidados pessoais;
- relacionamentos pessoais.

Você poderá descobrir que é um procrastinador seletivo, embora em alguns casos possa tornar-se difícil distinguir entre procrastinação e a execução de alguma tarefa por prazer. Ler uma revista ou um jornal pode ser procrastinação ou alguma coisa que você está fazendo por prazer.

Quando você fala "eu tenho que", na verdade quer dizer "eu não quero"?

Quando diz "não posso", "vou tentar", você na realidade quer dizer "não vou"?

Quando diz "não tenho tempo", você quer dizer "não estou querendo perder tempo"?

Quando diz "em breve", significa "não estou querendo me impor prazos"?

Quando diz "quero administrar melhor o meu tempo" você quer dizer "vou começar amanhã"?

Ou você realmente pensa que deveria responder a essas perguntas em alguma outra hora?

Um gerente que procrastina com frequência pode tornar-se um procrastinador crônico, porque inconscientemente ele acolhe as interrupções como uma forma de retardar a "hora difícil" de tomar uma decisão. Em outros casos, a procrastinação pode evidenciar um envolvimento excessivo com detalhamento, concentração em minúcias e desorganização geral. Um grande volume de itens pendentes em sua caixa de entrada ou em sua lista de "coisas a fazer" na tela do seu computador, pode ser um bom indicador de sua tendência à procrastinação. Dê uma boa olhada em suas pendências. Os que repetidamente põem as coisas de lado deveriam perguntar a si próprios "O que estou tentando evitar?".

Para um exame mais meticuloso de sua própria tendência à procrastinação, há uma análise que você pode começar a fazer *agora:*

1. Faça uma lista das tarefas que você está sempre demorando para decidir ou fazer. Dê uma olhada em sua lista de pendências.
2. Para cada item, escreva as razões pelas quais você ainda não tomou uma atitude.
3. Pergunte-se se estas razões justificam um atraso para outras pessoas, ou se elas são simplesmente desculpas que você está apresentando a você mesmo.
4. Agora, faça uma relação de todas as outras tarefas que você se lembre de ter procrastinado no passado.
5. Reexamine ambas as listas e veja se emerge algum padrão. Elas são de algum tipo de tarefa que você evita repetidamente? Há alguma coisa que você gostaria de fazer para corrigir essas tendências?

Vivendo e trabalhando com procrastinadores

Muitos de nós temos de perder tempo trabalhando com procrastinadores, ou ajudando aqueles que nos são caros a enfrentar problemas pelo fato de serem procrastinadores. As formas de ajudá-los incluem:

- evite certas coisas, como:
  - fazer as tarefas que são de atribuição do procrastinador. Isto apenas reforça as tendências dele. Você pode, inclusive, afastar o procrastinador, por mostrar falta de confiança nas habilidades dele;
  - irritar-se. Isto pode provocar ressentimentos;
  - usar críticas e ameaças. Poderá dar resultado no momento, mas o ressentimento e a alienação são os resultados mais prováveis;
  - dizer: "Faça e pronto". Isto poderá ocasionar a rebeldia, direta ou indiretamente.
- discuta o problema com o procrastinador e assumam em conjunto acordos e prazos específicos, bem como as consequências. Se necessário, faça isto por escrito. Se o procrastinador se recusar a discutir a situação, e somente neste momento, tome uma decisão unilateral, mas garanta-se para que os resultados sejam atingidos.
- ajude o procrastinador. A seguir, algumas formas de fazer isso:
  - ajude-o a estabelecer metas intercaladas. Cada vez que ele conquistar uma meta, isto funcionará como motivação;
  - responda ao desempenho dele. Recompense os progressos;
  - use recompensas intangíveis, como um sorriso, um aceno ou uma palavra de encorajamento.

Inicialmente você precisará investir tempo para ajudar os procrastinadores, mas, uma vez que eles tenham desenvolvido bons hábitos, você conseguirá o retorno do seu investimento.

Quando a tomada de decisão for por meio de um comitê, a escolha dos envolvidos pode ser crucial. Providencie a mistura correta de reflexivos e executivos.

Algumas dicas práticas

Mantenha uma lista atualizada de todas as tarefas que você tem em mãos. Na lista deverão constar o prazo para executar cada tarefa, a data para revisão e a data da entrega.

Identifique as tarefas que, por uma razão ou outra, você está postergando, executando de maneira inadequada ou deixando pela metade.

Pergunte-se por que você está demorando para terminá-las. Elas poderiam ser delegadas ou divididas em subtarefas?

Pense nas consequências que essa procrastinação pode trazer a você.

Decida com firmeza qual será a próxima tarefa que você executará primeiro. Ou faça um jogo: escreva cada uma das tarefas em um pedaço de papel separado, dobre-os e coloque-os dentro de um chapéu (ou outro recipiente adequado); a seguir, tire um por vez e numere-os por ordem de saída. A execução das tarefas deverá obedecer a esta ordem.

Estabeleça metas de progresso diárias para cada uma das tarefas e não pare até que tenha executado todas elas. Se no início isso representar horas adicionais de trabalho ou mais horas gastas por dia, isto irá ensiná-lo a determinar metas mais realistas, para evitar que isso aconteça novamente no futuro.

Prometa-se uma pequena recompensa para cada tarefa terminada e... cumpra sua promessa.

Pergunte-se periodicamente: "De que forma mais produtiva posso empregar meu tempo neste momento?". Se a resposta é outra além do que você está fazendo no momento, tome as devidas providências para executar as tarefas mais importantes.

Acima de tudo, se a procrastinação é realmente o seu problema, não demore nem mais um segundo para combatê-la.

6

Removendo barreiras para otimizar o seu tempo

Eu não vejo navios. Tenho o direito de ser cego, às vezes. Eu realmente não vejo a sinalização.

Almirante Lorde Nelson

Enfrentando sua configuração mental

As pessoas provavelmente percebem o que elas "esperam" ouvir ou ver. Por exemplo, se você está esperando a ligação de uma pessoa, é provável que reconheça a voz dela quando recebe a chamada; ao contrário, quando atende a uma ligação inesperada, é menos provável que reconheça de imediato a voz de quem está falando, mesmo que seja uma voz bem conhecida por você. Essa tendência a reagir de maneiras determinadas sob a ação de certos estímulos é denominada configuração mental.

A maioria dos médicos percebe a importância desse fenômeno em relação à doença ou à saúde. Eles sabem, por experiência própria, que os pacientes que se acham propensos à doença ficam doentes com mais frequência, enquanto os que estão predispostos à cura muitas vezes se restabelecem sem nenhum tratamento. Pacientes que receberam placebos a título de remédio recobraram-se tão rapidamente quanto aqueles que receberam o medicamento real, porque foram induzidos a acreditar que o remédio realizaria a cura.

Os mágicos são outro grupo que conta totalmente com as configurações mentais; suas audiências são levadas a acreditar que o mágico está fazendo uma determinada coisa, por exemplo, queimando uma nota de dinheiro, enquanto o que eles estão fazendo de fato é muito diferente e não é visto nem percebido pelo público.

A configuração mental pode ter consequências positivas e negativas; um exemplo de consequência negativa é que você invariavelmente reconhece o carteiro quando ele aparece em sua porta mas, quando ele aparece sem o uniforme, ou fora do contexto habitual, você não o reconhece, isto é, quando você o encontra fazendo compras no shopping ou curtindo o feriado na praia. Na vida profissional um exemplo disso ocorre quando um representante de vendas atende aos clientes de uma determinada região, por um determinado período; o vendedor pode se concentrar em maximizar o número de visitas para atingir sua quota e, por isso, perder reais oportunidades de vendas: a mente dele estava sintonizada com objetivos errados.

Os dois exemplos a seguir ilustram como podemos sucumbir facilmente em nossas reflexões, em razão de nossa configuração mental e de nossa relutância em nos afastarmos dos padrões que nos são familiares. O primeiro é um conhecido exercício de criatividade. Consiste em colocar nove pontos em forma de quadrado em um pedaço de papel (veja a Figura 6.1) e pedir à pessoa para ligá-los com quatro linhas retas, sem levantar a caneta ou passar novamente por alguma linha.

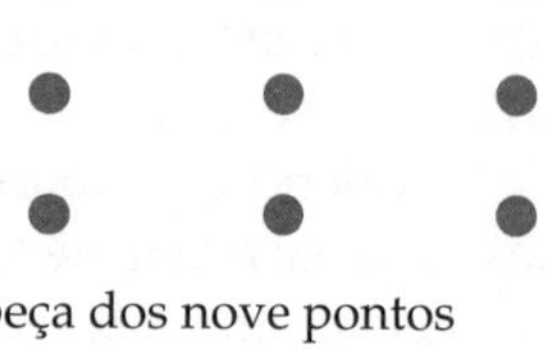

Figura 6.1 Quebra-cabeça dos nove pontos

Às vezes, quando confrontados com este problema, os que não conseguem encontrar a resposta tornam-se defensivos quando a solução é revelada; eles podem achar, inclusive, que a solução é uma forma de trapaça (revelamos a solução neste capítulo, mais tarde!). Na verdade, se eles estivessem mais descontraídos, poderiam encontrar soluções usando só três linhas e até mesmo uma única.

Vendo-se em situações desconhecidas, a maioria das pessoas tende a agir com base em suas experiências anteriores e em direção a soluções familiares, em vez de abordá-las com a mente totalmente aberta. Isto é correto desde que eles encontrem os objetivos desejados, mas, nestes tempos imprevisíveis e de mudança constante, tais pensamentos frequentemente resultam na falha ao atingir a solução, porque somos limitados pelas regras reais ou imaginárias, baseadas em nossas experiências passadas e consequentes expectativas. Atualmente, é melhor praticar para assumir que não existem regras, a menos que elas estejam claramente definidas. Ainda assim, não deveríamos deixar de desafiá-las.

Para ilustração adicional deste ponto, aqui está o segundo enigma. A polícia arromba um apartamento trancado. Eles encontram Peter e Mary mortos no chão. Ambos estão nus e dentro de uma poça de água. Há vidro quebrado no chão e a janela está aberta. O que aconteceu?

A maioria das pessoas, por sua configuração mental, começa pela pressuposição de que Peter e Mary são seres humanos. Mas, neste caso, Peter e Mary são dois peixinhos dourados, os quais, obviamente, estão sempre nus. Uma lufada de vento entrou pela janela aberta e derrubou o aquário, atirando-o no chão (seria inadequado usar este exemplo em culturas em que peixes não são animais de estimação, nem são chamados por nomes de seres humanos. Na verdade, isso poderia ser ofensivo, e realmente pedimos desculpas se qualquer um dos nossos leitores faz objeção a este exemplo).

A configuração mental tem um profundo efeito na nossa percepção das outras pessoas. Se temos uma discussão com alguém, ficamos mais propensos a encontrar os pontos negativos dela – particularmente se perdermos a discussão. Consequentemente, sempre que uma situação de conflito do tipo *nós* e *eles* surge, pode acontecer uma grande perda de tempo. Dessa maneira, em termos de administração de tempo, é mais eficiente usá-lo para descobrir soluções nas quais ambos os envolvidos sintam-se vencedores *(win/win solutions)*, e que sejam direcionados a isso, do que à atmosfera supercompetitiva perde/ganha que prevalece em tantas empresas.

Investir tempo para economizar tempo

Você pode achar que melhores recompensas podem advir de uns poucos exercícios criativos. Por exemplo, para cada um dos seguintes, crie cinco ideias para ajudá-lo a usar seu tempo de forma mais eficiente:

- Como você pode lidar com a sua papelada de forma mais eficiente?
- Como você pode usar o tempo que gasta se locomovendo de forma mais eficiente?
- Como você pode reduzir o volume do "lixo" que chega ao seu e-mail?

Configuração mental e suas escolhas profissionais

Apesar de tudo, a configuração mental pode ser uma poderosa aliada quando usada de forma positiva. Por exemplo, se você configurar sua mente de modo suficientemente forte para alcançar um objetivo desejado, você torna-se alerta para várias oportunidades de trabalhar na direção correta com o objetivo de tornar-se um vencedor. Nestes casos, seus poderes de resistência aumentam na proporção em que você progride, como muitos atletas de sucesso poderão confirmar.

A configuração mental também pode ser uma influência poderosa na sua percepção do trabalho. De acordo com Rosemary Stewart, do Templeton College, em Oxford, especialista em comportamento organizacional, qualquer trabalho que envolva gerenciamento pode ser analisado em termos de três fatores:

- **Exigências.** Aqui estão as coisas que o empregado deve fazer:
  - tarefas obrigatórias do trabalho como, por exemplo, elaboração do orçamento;
  - aprovação da chefia e dos colegas;
  - aspectos do cargo que precisam ser levados em consideração para fazer as outras tarefas obrigatórias; por exemplo, participar das reuniões.
- **Restrições.** Essas são as coisas que impedem que o trabalho seja executado em virtude de regulamentações governamentais ou estatutos, acordos comerciais, limitações tecnológicas ou processos organizacionais, procedimentos etc.
- **Escolhas.** Essas são as opções que o empregado pode exercer.

Assim sendo, o tempo de uma pessoa pode ser dividido em duas partes: o tempo que não pode ser controlado e o que pode.

Em muitos trabalhos há uma gama tão ampla de escolhas na forma como eles serão executados, que os seus executores têm dificuldade em perceber. Como evidência disso, observe como os executores de trabalhos similares tendem a ver aspectos diferentes, como:

- muito importantes;
- atraentes;
- os que eles estão mais aptos a realizar.

A eficiência é influenciada pela natureza das escolhas que são feitas. Mas, frequentemente, as pessoas não reconhecem que as escolhas estão abertas para elas. Adicionalmente, há uma diferença-chave na abordagem de uma pessoa que vê primeiro o trabalho e atende aos pedidos e resolve os problemas na proporção em que eles surgem e outra que vê o trabalho do ângulo operacional, onde eles buscam o controle, o desenvolvimento e moldam as coisas de acordo com seus desejos.

A questão da escolha tem se tornado crescentemente importante porque a estrutura "controle e comando" de muitas organizações mudou profundamente em virtude da informação tecnológica. A disponibilidade das informações capacita as pessoas a tomar decisões por si próprias, em vez de apenas receber ordens de cima.

Administradores que ainda trabalham em empresas extremamente formais possuem alguma liberdade, tanto para usar em seu estilo pessoal e em relacionamentos internos e externos, como para escolher seus próprios métodos de trabalho. De maneira similar, os cargos gerenciais oferecem maior escolha em relação ao tempo para iniciar ou terminar as tarefas do que às vezes se admite. Por exemplo, Rosemary Stewart descobriu que os gerentes de agências bancárias que ela pesquisou, todos pertencentes ao mesmo banco, contabilizavam números variáveis de noites que eles tiveram de participar de reuniões ou jantares de negócios, de um ou dois *por mês*, a dois ou três *por semana*. Tais variações não são totalmente explicáveis em termos de diferenças nas demandas sociais locais; assim, os gerentes pesquisados devem ter exercido um considerável elemento de escolha.

Há também alguma escolha individual a ser exercida nos cargos gerenciais em relação à parcela de tempo devotada a discussões. Falar com uma pessoa isoladamente tende a ser diferente do que falar para muitas pessoas ao mesmo tempo. Então, você usa seu tempo vendo cada uma das pessoas separadamente, ou você as vê como um grupo quando o mesmo tópico encontra-se em discussão? Sua escolha pode influenciar consideravelmente no tempo que você tem disponível.

A abordagem de uma pessoa a seu trabalho pode ser vista como um contínuo alongamento de proativa, na qual elas estão constantemente criando oportunidades para atingirem suas metas, para reativa, com pouco tempo para administrar crises e apagar incêndios.

Assim, pergunte-se quais as restrições que estão emperrando seu trabalho ou o trabalho de sua equipe, e o que você pode fazer para alterar esta situação.

Vale a pena lembrar que não é importante se você chega mais cedo e sai mais tarde do trabalho. Por quê? Porque não são só horas que você coloca naquela contabilização; é também o que você põe nas horas.

Priorizando suas tarefas

Enquanto as escolhas são indubitavelmente importantes para a eficiência gerencial, a primeira preocupação de qualquer pessoa responsável por um trabalho é identificar as atividades que precisam ser terceirizadas, porque ninguém mais é responsável por lidar com elas. Escolha suas atividades baseando-se nas que são importantes para sua empresa, ou aquelas nas quais você é especialista.

A seguir, há um exercício para livrar as pessoas do sentimento de estarem sendo pressionadas pelo tempo:

1. Pegue dois pedaços de papel.
2. Em um deles coloque o cabeçalho "*Coisas a fazer*" e no outro, "*O que eu deveria fazer*".
3. Na folha "*Coisas a fazer*", relacione apenas as coisas que precisam ser feitas hoje.
4. Na folha "*O que eu deveria fazer*", escreva aquelas coisas que você sabe que precisará fazer, mais cedo ou mais tarde.
5. Arquive a folha "*O que eu deveria fazer*" para futuras referências.
6. Trabalhe em cada um dos itens da folha "*Coisas a fazer*", em ordem de prioridade.

É essencial ser severo na hora de relacionar os itens "Coisas a fazer"; é surpreendente quão poucas coisas você *realmente* tem de fazer. Um teste útil para determinar se uma ação deveria aparecer na lista "*Coisas a fazer*" é responder "sim" à questão: "Meu trabalho, meus colaboradores ou minha família sofrerão se eu não fizer isso hoje?".

Reveja a relação "*O que eu deveria fazer*" periodicamente, a partir do dia seguinte à sua elaboração. Revisões posteriores frequentemente revelam o quanto muitos dos itens são inconsequentes; é surpreendente como o que parecia ser urgente ou importante hoje torna-se rapidamente ultrapassado por novos eventos e empalidecem em significado amanhã.

Educando sua configuração mental

Há uma diferença-chave na abordagem entre os gerentes que veem seu trabalho em primeiro lugar e lidam com pedidos e exigências dos demais quando elas aparecem (reativos) e aqueles que acreditam em fazer a coisa acontecer (proativos). Se você tem alguma dúvida sobre onde se situa, responder às seguintes perguntas pode ser um exercício salutar:

- Se eu tivesse apenas metade do tempo que tenho agora, como iria gastá-lo?
- Se eu tivesse total segurança em meu trabalho, eu poderia começar ou terminar meu expediente à tarde, e eu faria isso?
- Estou satisfeito com a forma como uso meu tempo atualmente?

Também vale a pena lembrar que sempre chegar cedo ao trabalho e ficar até tarde não significa, necessariamente, que um bom gerenciamento esteja sendo exercido; na verdade, o contrário pode muito bem ser verdadeiro. A particularidade importante é: por que você faz isso e onde está querendo chegar? Isso realmente aumenta sua eficiência ou é simplesmente uma grande porção de atividades em direção ao mesmo, ou pior, poucos resultados? Se é este o caso, você poderá ser vítima daquela notória perda de tempo, a verdadeira armadilha. Está na hora de você perceber que sua eficiência não é mensurada pelo seu nível de atividade, nem pelos *esforços* que aplica ao trabalho, e sim pelo rendimento de seus *resultados*. Por sua vez, estes são influenciados pela natureza das escolhas conscientes que você faz.

Nem sempre os gerentes percebem que as escolhas estão abertas para eles; a configuração mental deles cria limites artificiais e restrições que, na realidade, não estão presentes. Eles atribuem suas falhas à falta de opções, sem perceber que as escolhas que estão fazendo estão sendo influenciadas por antigos hábitos e experiências. A configuração mental negativa deles é tão forte, que eles simplesmente não veem soluções mais criativas. Esperemos que nem todos caiamos nesta armadilha. A configuração mental é um esplêndido escravo, mas um senhor muito pobre.

Encorajando pensamentos inovadores

Uma das soluções para o problema da Figura 6.1 é dada na Figura 6.2.

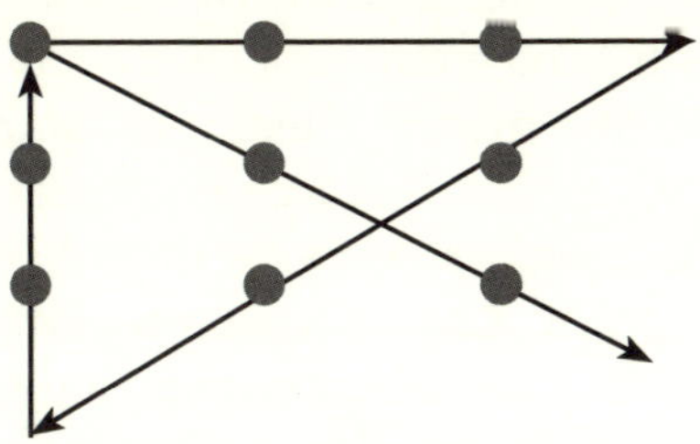

Figura 6.2 Pensando de forma inovadora

Apesar de este quebra-cabeças poder ser feito com relativa facilidade, muitas pessoas não conseguem resolvê-lo, porque a configuração mental delas as impede de alterar a forma do quadrado, e elas não conseguem ver que não há nada de sagrado ou confinante sobre seus quatro lados. Em outras palavras, o que mencionamos anteriormente – a configuração mental delas criou um bloqueio – e elas não conseguiram encontrar uma solução viável.

Para muitas pessoas, as mudanças recentes na forma de executar muitos trabalhos criará uma dificuldade cada vez maior de pensar "fora dos limites do quadrado": analise o número crescente de pessoas que trabalham em casa; todas elas terão oportunidades menores de conviver com outras pessoas, muitas das quais com mentalidade aberta e atualizadas, o que contribuiria para alargar a configuração mental de quem possui esse tipo de bloqueio.

A reestruturação na força de trabalho (por meio da diminuição no número de empregados com consequente redistribuição ou acúmulo de funções entre os que ficam), a reengenharia e as mudanças nos hábitos alimentares também estão tendo peso nas possibilidades de mudanças. De acordo com uma pesquisa da National Restaurant Association, aproximadamente 40% dos trabalhadores norte-americanos não fazem mais horário de almoço. Anteriormente, uma grande proporção almoçava com os colegas, em clima de descontração, falando livremente sobre diversos assuntos, proporcionando aos que tinham mentalidade mais rígida mais possibilidades de mudança positiva na configuração mental.

E de acordo com a gigante Steelcase, também americana, a hora de almoço, que antes era de no mínimo uma hora, foi reduzida para 35 minutos. Mais da metade dos trabalhadores que fazem horário de almoço na realidade não comem nada. Eles utilizam o tempo para fazer ligações telefônicas pessoais, fazer compras rápidas, supervisionar as crianças e outras pequenas incumbências pessoais.

Algumas empresas estão cientes da importância daqueles "espaços vazios de tempo" para um cafezinho, para o almoço etc., no surgimento de um grande número de pensamentos criativos. Por exemplo, Lord Stone, quando diretor gerente da Marks & Spencer, frequentemente organizava jantares com os demais gerentes, com nenhuma outra finalidade além de "jogar conversa fora".

Da mesma forma, Gordon McGovern, quando foi presidente da Campbell Soup Company, marcava reuniões de diretoria em um escritório que ficava nos fundos de um supermercado. Depois das reuniões, os participantes andavam entre os corredores perguntando aos compradores suas opiniões sobre os produtos da empresa.

7

Explorando suas primeiras horas

Aprendi como administrar minha energia – eu costumava focar-me apenas em administrar o meu tempo.

A G Lately, presidente da Procter & Gamble

As horas menos produtivas de um dia de trabalho são as horas normais, segundo uma pesquisa da Omega Watch Corporation. À primeira vista, isto poderá parecer um contrassenso; mas uma pesquisa realizada com 100 executivos em cargos de chefia, de algumas das 500 mais importantes companhias norte-americanas, mostrou que a maioria deles fazia o trabalho mais produtivo antes das 9h da manhã (43%); depois das 5h da tarde (18%), ou durante o horário do almoço (5%). As razões não são muito difíceis de encontrar – há pouca gente circulando nestes horários para distraí-los. Dos 34% remanescentes que acham que seu melhor trabalho é realizado no horário normal de trabalho, das 9h às 5h, a cada quatro entrevistados, três afirmaram que o período da manhã é mais produtivo do que o período da tarde.

Números como estes refletem o fato de que muitos de nós temos um padrão de capacidade que está relacionado com o período do dia no qual trabalhamos. Cada um de nós tem o seu "horário nobre", quando sabemos, por experiência, que nossa concentração está mais aguçada, e nossos "períodos de inatividade", quando sabemos que realizamos muito poucas coisas. A qualquer ponto do dia nosso padrão de capacidade pode variar entre os seguintes níveis reconhecíveis:

energia em alta — nível de trabalho normal — apenas acordados

alerta — tranquilos

Aproveitando seu ciclo de energia natural

De uma forma geral, as pessoas podem ser divididas em três tipos em termos de níveis de energia durante o dia. Eles são:

- "cotovias": que se levantam de madrugada, ocupam-se imediatamente e vão esmorecendo quando chega a noite;
- "corujas": que ainda estão dormindo no começo da manhã, mas tornam-se mais ativas com a aproximação da noite e que trabalharão, estudarão ou jogarão a noite toda, se necessário;
- "galinhas": que ciscam o dia inteiro, sem nenhum pico ou queda nas atividades.

Qual é o seu "horário nobre"? Seu poder de concentração é maior logo cedo, quando acorda, tarde da noite, ou é em qualquer outra parte do dia? Para atingir o ponto máximo de eficiência, você deveria, se possível, agendar suas tarefas de forma a combiná-las com seu nível de capacidade. Quando ocorre um desencontro mais sério, sua eficiência é que sofrerá as consequências. Se uma tarefa que requer o máximo de concentração coincide com um dos seus momentos de queda, você poderá sentir-se frustrado com seu próprio desempenho.

Você é uma pessoa matutina ou vespertina?

Se você ainda não sabe qual é o seu "horário nobre", experimente, em um dia em que não tenha de trabalhar, fazer uma rápida corrida por cerca de cinco minutos; primeiro, faça isso logo cedo; depois, pelo meio da manhã; repita a corrida no meio da tarde e, finalmente, no final da tarde. O período em que você se sentir mais revigorado é o seu horário de pico, ou seja, o período do dia em que sua energia fica naturalmente em alta.

Alguns de nós temos "relógios" interiores: quando estamos no máximo de nossa energia, trabalhando com intensa concentração e sozinhos. Para outros, o "relógio" é exterior: eles trabalham melhor no meio de outras pessoas.

Para extrair o melhor de cada dia, faça um gráfico do seu padrão pessoal de energia e anote como ela varia durante o dia, como mostra a Figura 7.1.

1. Desenhe pontos para indicar seus pontos relativos de energia nos diferentes horários de um dia normal; saliente os níveis mais altos e os mais baixos.
2. Desenhe uma linha para ligar os pontos que representam o seu ciclo diário de energia ou produtividade.
3. Como este ciclo se relaciona com o seu cronograma de trabalho? As tarefas que exigem mais esforços ou criatividade coincidem com seus picos de energia?
4. De que forma você poderia mudar seu cronograma de trabalho para extrair mais vantagens do seu ciclo de energia em alta?

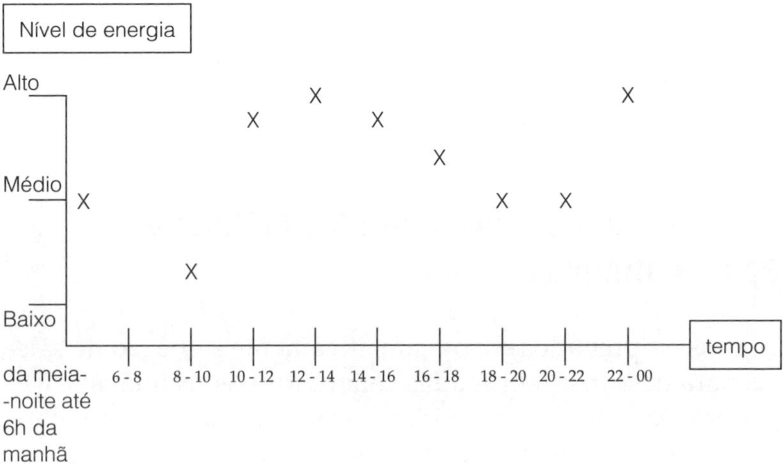

Figura 7.1 Ciclo diário de energia

Para um grande número de pessoas, quanto mais longo é o dia de trabalho, mais cansadas elas ficam, o que acaba resultando na redução da produtividade. Consequentemente, se uma tarefa tem de ser executada antes do final do dia de trabalho, significa que um maior esforço terá de ser aplicado durante as horas disponíveis, sem interrupções. Esta é uma forma ineficaz e onerosa de usar o tempo. E ainda mais, é um contrassenso continuar trabalhando sem qualquer tipo de intervalo para descanso: o nível de energia decresce, a tensão e o cansaço físico aumentam, erros e acidentes acontecem. É muito mais produtivo, portanto, fazer uma pausa, e depois retornar ao trabalho com o vigor renovado. Uma mudança no ritmo normalmente é tão boa quando uma parada: mudar de uma tarefa mental para uma física, ou vice-versa, muitas vezes proporciona o desejado retorno da energia. Se não houver tempo para mais nada, tente alguns exercícios isométricos: um pequeno passeio, algumas flexões, respirar fundo; ou simplesmente levante-se, alongue-se e sente-se novamente.

Se você precisa de alguma informação de outro departamento para terminar um relatório, vá você mesmo buscá-la, em vez de esperar que ela lhe seja trazida; este exercício irá restaurar suas energias.

Administrando o período de sonolência após o almoço

Alguns empregados encorajam ativamente a criação de saletas para descanso, equipadas com poltronas reclináveis. Isto poderá reativar a produtividade de empregados mais velhos ou daqueles que têm, por exemplo, problemas na coluna vertebral, ou para jovens pais que tenham tido noites insones.

Muitas pessoas têm um período de "preguiça" imediatamente após o almoço, quando o corpo sente que poderia dar uma "dormidinha". Os biólogos alegam que isto deve-se aos baixos níveis de glicose no sangue, enquanto o corpo está em fase de digestão. A melhor maneira de contra-atacar a calmaria é tirar uma soneca. Repetimos: alguns trabalhadores defendem ativamente essa posição. A duração do sono deverá ser limitada: se você dorme mais do que 20 minutos, entra em sono profundo e poderá sentir-se grogue ao acordar. Uma alternativa poderá ser massagear o pescoço, em sua própria mesa de trabalho.

Outra estratégia é finalizar rapidamente meia dúzia de outras tarefas de menor importância e que não exijam tanta atenção e esforço. O senso de realização resultante pode originar um fluxo de adrenalina. Alternativamente, se o pensamento de dar início a uma grande tarefa logo após o almoço o assusta, pode valer a pena iniciá-la *antes*. O prazer de terminá-la mais rapidamente depois do almoço poderá agir como estimulante. Da mesma forma, se você tem alguns poucos minutos livres depois de terminar uma tarefa importante, antes do horário do almoço, esse tempo poderá ser usado de maneira proveitosa para reunir o material necessário para sua próxima tarefa.

Como é difícil mudar seu relógio biológico, é mais inteligente capitalizá-lo em seu próprio benefício.

A teoria do biorritmo

Outra explicação para os motivos da flutuação de nosso humor de tempos em tempos, de nossas habilidades mentais aumentarem e diminuírem ou da oscilação da nossa energia física, é a Teoria do Biorritmo. Ela é baseada na crença de que nosso corpo funciona constantemente em três ciclos recorrentes. O primeiro é um ciclo físico, que foi descoberto por Herman Swoboda, um psicólogo da University of Vienna, no final do século XIX. Ele observou um ciclo de 23 dias na vitalidade física de seus pacientes, definida como força, agilidade e coordenação, bem como resistência física a doenças.

Mais ou menos na mesma época, o trabalho de um médico alemão, Wilhelm Fliess, levou-o a concluir que a criatividade, a sensibilidade, a saúde mental e o humor em geral flutuam em ciclos de 28 dias – o ciclo emocional. Depois, um médico australiano, Alfred Telcher, que também foi professor em Innsbruck, afirmou que memória, vigilância, pensamentos lógicos e outras funções analíticas – o ciclo intelectual – flutua em um padrao de 33 dias.

De acordo com a teoria do biorritmo, os três ciclos – físico, emocional e intelectual – se iniciam com o nascimento da pessoa, em uma linha básica neutra ou ponto zero. De cada um dos ciclos surge uma fase positiva na qual as energias e as habilidades associadas a cada ciclo entram em alta. Para a primeira metade de sua duração o ciclo vai aumentando gradualmente até atingir um pico, quando passa a declinar. Cada ciclo flutua em ondas uniformes e constantes, que terminam apenas com a morte. Na metade de cada ciclo – 11,5 dias no ciclo físico, 14 dias no ciclo emocional e 16,5 dias no ciclo intelectual – nós entramos em uma fase negativa, em que todas as energias são recarregadas; por isso as capacidades são menores, ou ficam diminuídas. Contudo, os dias de maior fraqueza e mais vulnerabilidade não ocorrem durante a fase negativa, quando as baterias estão sendo recarregadas, e sim quando o ciclo cruza o ponto zero, ou a linha neutra em qualquer direção. Durante este período de limbo – nem positivo, nem negativo – a pessoa fica sujeita a lapsos mentais. E se duas curvas cruzam a linha neutra no mesmo dia, isto é duplamente um infortúnio.

Em virtude das extensões diferentes de cada ciclo, é provável que em um determinado dia alguns ritmos estejam em alta e outros em baixa. Por isso, raramente você tem dias absolutamente perfeitos ou absolutamente ruins, já que a maioria deles está em um patamar intermediário. A Tabela 7.1 mostra as principais características dos dias, em todos os três ciclos.

Para determinar o seu biorritmo, calcule o número de dias desde o seu nascimento e divida este total pela duração de cada ciclo. O resultado poderá ser passado para um mapa. Algumas empresas oferecem esse cálculo computadorizado. Para agilizar e otimizar os resultados, a Casio oferece uma calculadora eletrônica chamada Biolator.

De acordo com um estudioso do assunto, Bernard Gittelson, as pessoas que estão familiarizadas com a teoria não assinam contratos importantes em seus dias críticos.

A validade desta teoria ainda não foi resolvida satisfatoriamente, embora um vasto número de estudos tenha tentado comprová-la ou não. Por exemplo, um cientista suíço da área comportamental, Hans Schwing, descobriu que 600 acidentes que ele estudou ocorreram nos dias críticos, enquanto Reinbold Bochon, um cientista alemão, estudou 497 acidentes ocorridos com trabalhadores rurais e descobriu que 98% deles ocorreram também durante esses dias. Da mesma forma, a Ohmi Railway Company, no Japão – uma das 5 mil empresas japonesas que usam o treinamento em biorritmo para reduzir o número de acidentes – o sistema de transporte público em Zurich e a National Lead Company, na América do Norte, obtiveram relatórios favoráveis com a implementação de programas desenvolvidos com base na teoria do biorritmo, para controlar as taxas de acidentes.

Tabela 7.1 Características dos três ciclos do biorritmo

Obs.: o número 0 representa os períodos de "limbo".

Ciclo (extensão)	*Nível de energia*	*Posição no ciclo (n. de dias)*	*Período*	*Características*
Físico (23 dias)	+	2 a 14	Dias de pico	Altas força e resistência
	0	1 a 12	Dias críticos	Cuidado – propensão a acidentes
	-	13 a 23	Dias de declínio	Reduza as atividades – descanse
Emocional (28 dias)	+	2 a 14	Dias harmoniosos	Aproveite as relações sociais
	0	1 a 15	Dias críticos	Cuidado – instabilidade
	-	16 a 28	Dias de tensão	Alterações no humor e negativismo
Intelectual (33 dias)	+	2 a 16	Dias criativos	Percepção e julgamento aguçados
	0	1 a 17	Dias críticos	Cuidado – propensão a erros
	-	18 a 33	Dias de declínio	Evitar tomar decisões e iniciar novos projetos

Uma profecia de autorrealização? Ou simplesmente a evidência de que a prevenção e o treinamento ocasionaram uma queda no número de acidentes? Ou poderia ser a evidência de que a teoria do biorritmo funciona? Se assim for, o que aciona o gatilho desses ciclos no nascimento? E o que determina a sua duração?

O ritmo circadiano

Uma outra escola argumenta que os seres humanos têm muitos ciclos. Os mais poderosos são os ritmos circadianos – o termo significa "por dia" – evidenciando o fluxo e o refluxo da química interna do corpo. Estas flutuações rítmicas na química do corpo e os processos fisiológicos diários são mostrados pela temperatura do corpo, pelo metabolismo, pelos batimentos cardíacos, pelo fluxo da urina e muitas outras funções fisiológicas.

O ritmo circadiano é visto como possuindo 24 horas de duração. Os seres humanos e a maioria dos animais e plantas seguem um dia de 24 horas, acompanhando a rotação da Terra. No entanto, se as pessoas ficarem isoladas em cavernas subterrâneas, durante várias semanas, o ciclo circadiano, inclusive o ciclo dormir/acordar, começa a se alterar. Em uma grande proporção de pessoas e por motivos que os cientistas não conseguem explicar, eles estabilizam-se em cerca de 25 horas. Os pesquisadores concluíram que, se essa duração fosse "natural", as pessoas deveriam controlar suas vidas por meio das diversas sugestões do tempo. Isso poderia ser fisicamente, por exemplo, acordar ao nascer do sol e dormir quando escurecer, ou comer quando o relógio natural (a fome) nos avisar que é hora de comer.

Observou-se que o relógio mecânico leva as pessoas para a cama uma hora mais cedo do que o relógio natural gostaria. Aos finais de semana, quando algumas "dicas" estão enfraquecidas, as pessoas acompanham o relógio natural, indo dormir uma hora mais tarde do que o usual nas sextas-feiras e duas horas mais tarde aos sábados. Aos domingos elas retornam ao ciclo convencional para atender às demandas do trabalho; não é surpresa, portanto, que, na segunda-feira, elas sintam-se menos alerta, ou mais depressivas.

Diferenças entre fusos horários e outros efeitos

O ritmo natural ou a rotina normal do corpo é alterada quando fatores como viagens aéreas, com seus rápidos cruzamentos de fusos horários, ou a introdução do horário de verão entram em cena. Quando isso acontece, dificuldades temporárias ocorrem, até que o corpo se reajuste ao ritmo normal. Por sua vez, isto afeta o ciclo do sono, as glândulas endócrinas e a temperatura do corpo. O desequilíbrio temporário resultante pode levar à fadiga, perda de concentração e eficiência e a possíveis acidentes. Esse efeito é mais pronunciado em viagens pelo eixo leste-oeste.

Há outros fatores além das viagens internacionais que podem trazer efeitos desconfortáveis ao ritmo natural do corpo. As constantes mudanças de turno no trabalho são uma delas, normalmente padronizadas em uma das seguintes formas:

- horários permanentemente antissociais, que afetam principalmente os agentes noturnos de segurança, médicos, policiais e militares;
- plantões de pequena duração, seguidos de plantões rotativos, ou seja, trabalhar por duas semanas em um determinado horário (noturno); na sequência, passar para um plantão diurno; voltar para o plantão noturno etc.;
- plantões de curta duração e alta rotatividade.

Das evidências disponíveis, parece que o sistema de rotação rápida é um dos melhores para as pessoas que trabalham com tarefas muito complexas. Isto deve-se ao fato de que as tarefas são mais bem executadas quando o ritmo natural dos trabalhadores ainda não diminuiu.

Pesquisas indicam que, em geral, o desempenho é melhor quando o corpo está mais ativo e com altas temperaturas. Sem a menor dúvida, terão de ser executadas muito mais pesquisas, por cronobiologistas e outros, a fim de obter uma equivalência entre o nível de capacidade do corpo e as tarefas a serem executadas. O aumento de trabalhos com mudanças de turno nos reatores nucleares e redes de computadores aumentam a urgência destas pesquisas, já que as consequências em potencial são a ocorrência de erros maiores. Por exemplo, o acidente na Three Mile Island aconteceu às 4h da madrugada, uma hora em que a maioria das pessoas está com a energia e a capacidade em seus pontos mais baixos. Além disso, os trabalhadores envolvidos mudavam de turno a cada semana.

Até certo ponto as pessoas podem ser treinadas para lidar com horas de trabalho solitárias. Por exemplo:

- se possível, estruture seu trabalho de tal maneira que você possa ter breves intervalos e fazer alguns exercícios;
- alimente-se de maneira saudável;
- anote os períodos em que sua sonolência é mais presente e evite fazer coisas chatas ou muito importantes.

Contudo, e levando tudo isso em consideração, a verdade é que todos nós somos muito diferentes no modo como as curvas de temperatura de nosso corpo variam em determinado período, e precisamos aprender as nossas características pessoais. Somente então poderemos ter certeza de que nosso "horário nobre" está sendo usado em nosso próprio benefício e que estamos realmente combinando nossas tarefas com nossos níveis de capacidade.

Concluindo, vamos parodiar o Eclesiastes (com as devidas desculpas a Salomão):

Para cada gerente há uma estação;
E um tempo para cada assunto sob o firmamento;
Um tempo para os empregados e um tempo para os chefes;
Um tempo para planejar e um tempo para as perdas diárias;
Um tempo para ler a correspondência e um tempo para descartá-la;
Um tempo para "dar um tempo" quando a pressão for excessiva;
Um tempo para as crises, com as devidas pausas;
Um tempo para acertar e um tempo para errar;
Um tempo para reuniões (se todas as agendas estiverem disponíveis);
Um tempo para "estar fora" e um tempo para "acabar de chegar";
Um tempo para atender ligações e um tempo para ignorá-las;
Um tempo para fechar e, então, reabrir sua porta;
Um tempo para decidir e um tempo para esperar;
Um tempo para que sua equipe tenha a palavra;
Um tempo para você fazer e um tempo para delegar;
Um tempo para decidir rapidamente e um tempo para "ruminação" profunda;
Um tempo para dizer "sim" e um tempo para dizer "não";
Um tempo para chegar sempre cedo e saber quando está na hora de sair;
Um tempo para aplaudir o trabalho que lhe é apresentado;
E um tempo sempre reservado para sua família.

8

Analisando e otimizando o consumo do seu tempo

Eu nunca perco um único momento no escritório – Sou rígido em relação isso, desde o momento em que eu chego, até muito depois que todo mundo já tenha voltado para casa.

Gerente Estressado

Algumas pessoas tornam-se vítimas de seus próprios hábitos durante o transcorrer da jornada de trabalho e sem uma clara noção de como usam seu tempo. Algumas, inclusive, nunca pensaram nisso de forma consciente; outras fazem conjecturas, que poderão estar completamente erradas, baseadas em ideias preconcebidas ou boas intenções.

Se um gerente reclama: "ontem, eu gastei dois terços do meu tempo com clientes", acreditando piamente nisso, o mais provável é que ele tenha ficado com o cliente no máximo um terço do seu tempo; o resto do tempo ele provavelmente gastou viajando, participando de reuniões, trabalhando com a papelada, verificando os e-mails e coisas semelhantes.

Uma parcela surpreendentemente alta do tempo que nós achamos estar usando de maneira produtiva é perdida sem que percebamos. Quase todos nós temos hábitos inconscientes que permitem que nosso tempo nos seja roubado.

Alguns ladrões de tempo em potencial

Veja se você sofre de alguns deles:

- incontáveis e-mails;
- interrupções para atender ligações;
- a abordagem "minha porta está sempre aberta";
- excesso de sociabilidade;
- visitas inesperadas;
- visitas que não vão embora no devido tempo;
- outras pessoas divagando durante as reuniões, ou saindo do assunto que está em pauta;
- colegas que cometem erros que você tem de corrigir;
- dificuldade para delegar ou assumir mais coisas do que deveria;
- medo de cometer pequenos enganos e, consequentemente, de verificações em excesso;
- perda de controle;
- vício do detalhamento;
- métodos irracionais de tomada de decisão;
- dificuldade em implantar as decisões tomadas;
- leitura excessiva.

Se você está seriamente decidido a tornar-se um melhor administrador do seu tempo, é importante manter um registro fiel de como você está gastando o seu tempo agora, no presente. Sem um ponto de partida acurado, você não terá referenciais para avaliar seu escopo e melhorá-lo, nem para avaliar o resultado das melhoras introduzidas.

Lembre-se: uma vez que os objetivos tenham sido estabelecidos, o resto é organização, organização e organização.

Mantendo um registro

Há apenas uma solução satisfatória: manter um registro simples para um período de amostragem, conforme mostrado na Tabela 8.1. Você poderá dizer que este exercício, por si próprio, é uma perda de tempo, mas lembre-se de que este tempo será recompensado com grande eficiência depois. Ao anotar seu tempo de forma detalhada, você poderá descobrir problemas e práticas aos quais estava totalmente alheio.

Quando construir o seu registro, selecione um período representativo que seja tão rotineiro quanto possível, evitando os picos sazonais ou de calmaria. A melhor duração para este estudo vai variar de pessoa para pessoa, mas, como amostra inicial, uma semana normal deverá ser suficiente. De qualquer forma, você deverá repetir este estudo periodicamente para que esteja sempre dentro da realidade e atualizado.

Tabela 8.1 Tipo de registro de tempo parcial

Data: terça-feira 15 de janeiro		*Folha 1*		
Início	*Término*	*Atividade*	*Importância**	*Observações*
8h30	9h	Leitura de e-mails	M	Definir o dia
9h	9h15	Responder aos e-mails	M	-
9h15	9h35	Reuniões com subordinados diretos	A	Minimizar interrupções
9h35	9h45	Trabalhar nos relatórios x, y, z	A	Maior planejamento de tarefas
9h45	10h	Telefonemas da chefia	B	Questionamento dos números de ontem
10h	10h05	Ligações para departamentos	B	Atendendo à chefia
10h05	10h10	Novamente com os subordinados diretos	A	Encerrado estágio 3
10h10	10h30	Café, banheiro	M	

* A = Alta; M = Média; B = Baixa.

A maioria das pessoas terá de fazer o próprio registro com a ajuda dos subordinados diretos, ou com a ajuda de um subordinado inteligente e interessado. Se você gasta a maior parte do seu tempo com seus subordinados diretos, poderá até pensar em delegar o registro a um deles.

Aqui estão algumas orientações para elaborar um registro de tempo diário:

- faça-o bem simples, de forma que seja fácil manuseá-lo;
- esteja com ele sempre à mão;
- registre as atividades quando elas ocorrem. Alternativamente, atualize-os a cada 15 minutos durante os períodos mais calmos. As atividades não serão registradas de maneira acurada depois de passado algum tempo, apenas com a ajuda da memória;
- mantenha as entradas curtas, mas suficientemente específicas; detalhes excessivos podem ser contraproducentes;
- registre todas as interrupções, mesmo as pequenas;
- subdivida longos períodos sem interrupções, gastos em uma grande tarefa em vários estágios. É desnecessário contabilizar cada único minuto e isso não afetará a análise se o registro estiver com poucos minutos de diferença no final do dia;
- quando o período de amostragem chegar ao fim, analise quanto tempo você gastou com cada uma das categorias que você escolheu. Faça isso diariamente ou semanalmente, durante todo o período do estudo. Se para cada uma das categorias foi aberto um cartão separado, a análise poderá ser simplificada colando-se todas as observações nos devidos cartões, evitando-se, desta forma, papelada desnecessária.

Uma das abordagens é utilizar os cartões individuais de 6 × 4 cm, nos quais você pode anotar todas as entradas para um único incidente registrado. No final do dia, cole todos os cartões. Este sistema pode ser mais conveniente do que completar um formulário de grandes proporções, especialmente se você fica ausente do escritório por períodos muito extensos. A segunda vantagem é que a colagem pode ser feita em quaisquer sequências ou combinações necessárias. Se for mais conveniente, você pode usar uma planilha computadorizada.

Uma variação é concentrar-se em um item por vez. Por exemplo, você pode estar preocupado com o número de interrupções que ocorrem. Para cada interrupção faça uma anotação em um cartão destinado especialmente a esta categoria. Imediatamente após a interrupção, anote o nome da pessoa, a duração, o horário e a causa. As entradas devem ser específicas, mas curtas. Na análise ao final do dia, você já pode pensar em alguma estratégia para garantir o uso mais eficiente do seu tempo.

Seja qual for o sistema que você adote, evite as seguintes armadilhas:

- confiar na memória para fazer as entradas em um momento mais conveniente: nossas memórias não nos servem muito bem em tais circunstâncias;
- omitir detalhes significativos, tais como se a interrupção foi autoimposta ou causada por motivos externos;
- autoengano para salvar as aparências. Quando, por exemplo, a entrada "pensamento inovador" torna-se uma cobertura para devaneios ou fantasias?

A seguir, faça o registro identificando os gastadores de seu tempo e chegando a soluções para lidar com o assunto:

- implemente estas soluções;
- analise o seu progresso;
- faça um novo registro.

Por exemplo, alguma vez você parou para pensar no número de interrupções que tem diariamente? Alguma vez já se perguntou se elas são realmente necessárias? Os executivos parecem assumir automaticamente a legitimidade de cada interrupção. Mas quantas delas os seguintes profissionais tiveram durante o desempenho de seu trabalho:

- um cirurgião em um centro cirúrgico?
- um professor fazendo uma palestra?
- um conselheiro matrimonial durante uma seção com um casal problemático?
- um sacerdote ou uma sacerdotisa durante um culto?
- um piloto durante um voo?

Análise do trabalho

Depois de terminar a análise do seu período de amostragem, é bom praticar para examinar seu dados, à luz de ideias claras, a respeito do que o seu trabalho efetivamente envolve, isto é, como o seu tempo deveria ser dividido proporcionalmente. Se você tem um chefe, as ideias dele a respeito deste assunto poderão ser muito diferentes das suas. A fim de superar esta possibilidade, vocês dois deveriam analisar sua planilha em separado. Isto envolve cada um dos dois avaliando a porcentagem total do tempo que deveria ser destinado a atividades maiores necessárias ao bom andamento do trabalho, e então classificar este percentual de duas maneiras:

- pela ordem do valor do tempo devotado a cada área de atividade;
- pela ordem do valor ou contribuição de cada área de atividade para as metas em geral da organização. Essa é uma análise subjetiva de cada um de vocês.

Um exemplo desta panilha é dado na Tabela 8.2.

Eficiência, eficácia e excelência

A estas alturas, é importante compreender a diferença entre eficiência e eficácia. Eficiência significa fazer as coisas de forma correta, ou operar o mais economicamente possível; eficácia significa fazer as coisas de maneira correta, ou garantir que seu tempo seja gasto nas atividades que trazem os benefícios mais positivos em termos das metas em direção às quais você está trabalhando. Excelência é eficiência × eficácia, ou seja, fazer as coisas certas da maneira certa.

Tabela 8.2 Planilha de análise de trabalho

Atividade, tarefa ou projeto	*% de tempo gasto por semana*	*Classificação*	
		Por tempo	*Por valor*
Contatos com clientes	25	2	1
Relações com sua equipe	20	3	3
Estatística dos retornos	10	4=	4
Solução de problemas técnicos	35	1	2
Relatório mensal	10	4=	5

Obviamente, é com isso que a análise do trabalho se relaciona. Ninguém ganha medalhas por executar uma operação mais rapidamente, se trata de alguma coisa que jamais deveria ter sido feita; por exemplo, um método de arquivo mais eficiente para correspondência obsoleta. O que você está buscando é um método de usar o seu tempo de forma a trazer maiores contribuições para os objetivos da sua empresa, por meio dos seus objetivos. Isto significa eliminar ao máximo as atividades não essenciais e de baixo retorno que consomem o seu tempo.

Para conseguir isso, você poderia começar voltando à análise do primeiro período de amostragem, fazendo uma classificação adicional para cada entrada em "produtiva" e "não produtiva", em relação aos objetivos do seu trabalho. Uma atividade produtiva pode ser definida como algo que contribui ou atende a uma função ou meta relacionada a objetivos pessoais ou corporativos, ou seja, uma reunião que resultou em decisões-chave que afetam seu setor ou departamento. Uma atividade não produtiva não traz nenhuma contribuição; por exemplo, uma reunião com pouco ou nenhum direcionamento e que resultou em prolongadas discussões e tédio absoluto. A Tabela 8.3 apresenta um exemplo abreviado deste tipo de análise.

O número de caixas e tipos de atividades serão determinados pela natureza do seu trabalho; assim, inclua apenas os que são relevantes a ele.

Dentro de cada caixa, registre de forma resumida sua "etiqueta" para o trabalho que está fazendo e assinale-o com um "P" (produtivo) ou com um "NP" (não produtivo), dependendo de como você está se sentindo em relação ao tempo que está gastando com ele.

Tabela 8.3 Formulário pessoal para análise de tempo

Data:
Folha n.:

Quando (intervalos de 15 min.)	*Atividade*	*Onde*		*Quem convocou*	
		próprio escritório	*outro local*	*eu*	*outra pessoa: nome*
	Reuniões, contatos pessoais, planejamento.				
	Inspeção, instrução, papelada, intervalos, ligações (feitas ou recebidas).				
	Outras atividades, uma coluna para cada.				

Ao final de cada dia, ou período de amostragem, você pode iniciar sua análise expressando o total de cada coluna, como porcentagem do total do tempo gasto. Essas porcentagens podem ser agregadas ao longo de diversos períodos para mostrar o padrão geral, com as variações do dia a dia. Compare os resultados de sua análise com suas conjecturas iniciais de como seu tempo estava sendo distribuído.

Quando tiver totalizado cada coluna (semanal ou quinzenal), você provavelmente ficará surpreso ao ver quanto do seu tempo foi gasto de forma improdutiva, mesmo quando você pensava estar trabalhando a pleno vapor. Lembre-se: a administração do tempo eficiente é mensurada pelos resultados e não pelos esforços. Eficácia é o produto do que o gerente consegue e não do quão ocupado ele está. Suor, ou o tempo que se emprega trabalhando, não é substituto para resultados.

O custo do seu tempo não produtivo também poderá ser um choque para você. O preço ou o custo de uma mercadoria muitas vezes dramatiza a diferença entre desistir do que é barato ou de graça e fazer uso de um recurso precioso, caro e insubstituível. Volte à Tabela 2.1, no Capítulo 2, para mais subsídios para avaliar esta diferença.

A prova final para que você veja se está sendo eficiente ou não na busca de seus objetivos exigirá que você mantenha outro registro diário para um período de amostragem adicional; assim, você pode medir a sua alocação de tempo revisada e compará-la com o primeiro período.

Registro do trabalho

Alternativamente, você pode preparar um registro de trabalho básico, ajudado por uma série de registros subsidiários, tais como um registro de ligações telefônicas, ou um registro de visitantes. Por exemplo, as interrupções poderão ser classificadas por:

- número;
- data;
- tipo; por exemplo, visitantes, ligações, pessoal, se você for dominado por um súbito impulso de fazer qualquer outra coisa;
- razões pelas quais a atividade foi encerrada, isto é, se o trabalho foi terminado e se foi alterado por você ou por terceiros.

Pode ser aconselhável analisar se as interrupções foram previstas ou imprevistas. As primeiras devem incluir situações nas quais você disse a um subordinado direto: "Assim que estiver pronto, traga-me para eu verificar".

Quando a maioria das entradas estiverem terminadas, isso é um bom indicador de que seu planejamento pessoal é eficiente; se houver um grande número de atividades que foram alteradas ou mudadas por você mesmo, isto pode ser um indicador de que você diversifica e muda facilmente de tarefas de alta prioridade para as de baixa prioridade, ou que está usando o seu tempo de forma inadequada.

Amostragem do trabalho

Uma alternativa e uma forma mais sofisticada de mensurar o tempo é a abordagem Amostragem do Trabalho. Esta técnica é baseada na Teoria da Probabilidade, a qual possibilita que você tenha uma visão global de uma situação a partir de um detalhe. É muito semelhante a fazer pesquisas de intenção aleatórias ou amostras equilibradas de um mesmo público. Usar este método de forma correta significa dar prioridade a como você seleciona o detalhe, para não comprometer o resultado; provavelmente alguém mais deveria fazer isso para você. Mas pode ser feito e você pode aprender muito analisando os resultados, se estiver disposto a aceitá-los como verdadeiros.

Outra alternativa é o uso de um dispositivo capaz de gravar suas atividades até 30 vezes por dia. Ao som de bips com espaçamento aleatório, é feita uma nota ou foto instantânea do que está acontecendo naquele momento.

Acompanhamento

Uma vez que você tenha analisado como gasta o seu tempo – e muitos de nós ficamos surpresos pelos nossos padrões fragmentados de trabalho – você pode:

- identificar as coisas que não precisam ser feitas;
- identificar atividades que possam ser executadas, muito bem, por alguma outra pessoa;
- identificar os consumidores de tempo;
- verificar as metas diárias, contribuindo para que se atinjam metas de longo alcance.

A análise também pode revelar um padrão que indica quais partes do seu dia são mais produtivas. Por sua vez, isto pode estimular você a analisar de que forma as partes do dia menos produtivas podem se tornar mais produtivas.

Você pode efetuar uma análise adicional relativa às fontes de trabalho:

- Seu chefe: ele está usando você como subordinado direto?
- Subordinados diretos: eles foram estimulados a ser muito dependentes de você?
- Você: está assumindo coisas demais?
- Outros: porque você está recebendo trabalho deles? Qual a importância disso?

Inicialmente isto consome algum tempo, mas o retorno justificará o esforço.

9

Organizando sua carga de trabalho

Sinto-me como um burro de carga. Não faço a menor ideia do que fazer com todo este trabalho. Todo mundo parece querer tudo imediatamente e, de preferência, ontem.

Anônimo

Depois de analisar como o seu tempo é gasto, pode ser desejável analisar seus problemas com tempo, tanto os pessoais como os externos.

Problemas pessoais

- Problemas psicológicos:
  - incapacidade de dizer não;
  - falta de autodisciplina;
  - perfeccionismo;
  - procrastinação.
- Problemas organizacionais:
  - falha em distinguir entre o pouco importante e o muito trivial;
  - incapacidade de completar um trabalho dentro do prazo.

- Problemas de relacionamento:
  - dificuldade para delegar;
  - falha em controlar a agressividade.

Problemas externos

Isto pode incluir:

- Coisas relacionadas à pessoa:
  - excesso de interrupções;
  - excesso de reuniões.

- Problemas organizacionais:
  - burocracia excessiva;
  - papelada em excesso.

As seguintes seções mostram formas de lidar com estes e com outros problemas relacionados ao tempo.

Organização pessoal eficiente

Muitos cargos gerenciais, ao contrário da crença popular, são caracterizados por um padrão de trabalho altamente fragmentado. Os gerentes raramente concentram-se em um trabalho por um período mais prolongado. No entanto, esta fragmentação é mais um reflexo do estilo pessoal do gerente do que a demanda do trabalho. Os gerentes tendem a ser vítimas dos seus próprios hábitos. Na prática, a quebra de tais hábitos pode ser muito difícil e requer o exercício da autodisciplina. É necessário planejar formas para reforçar melhores padrões de conduta.

As metas, ao término da análise da planilha de trabalho, devem ser examinadas. O esclarecimento das metas capacita a pessoa a evitar confusões entre atividade e resultados; isto, por sua vez, pode levá-los a paralisar mudanças a longo prazo, pelas pressões de curto prazo e permitir que o "urgente" os desvie do que é importante. Para estabelecer metas, nós precisamos de:

- metas a longo prazo: abrangendo os próximos cinco anos ou mais; isto precisa ser revisto periodicamente para determinar se elas mudaram;
- metas a médio prazo: estendidas até os próximos seis meses;
- metas a curto prazo: planejadas em bases semanais;
- metas diárias: cujo planejamento precisa ser feito antes do começo da jornada ou ao final do dia anterior.

Uso de guias de planejamento

Muitos diferentes tipos de guias de planejamento estão disponíveis no mercado. Você pode, inclusive, elaborar o seu próprio guia, a fim de que ele atenda às suas necessidades específicas. Isto inclui calendários, pôsteres, diários, agendas e softwares (por exemplo, o MS Outlook), a fim de acompanhar datas importantes e reuniões, planejar o seu ano como um todo, ou mês a mês. Da mesma forma, existem guias de planejamento semanais e mensais, para possibilitar a elaboração de um cronograma mais detalhado. Os itens passíveis de serem incluídos nos guias são:

- atividades programadas: almoços, reuniões, prazos para entrega de relatórios;
- projetos-chave: acompanhamento de progressos, mudanças necessárias, tarefas prioritárias;
- assuntos departamentais: reuniões com a equipe, áreas de trabalho prioritário.

Você também pode elaborar o seu próprio auxiliar de planejamento, assim como um diário eletrônico. Registre em seu PC ou laptop todos os seus compromissos, e programe-o para lembrá-lo deles. Você poderá acrescentar o dia, a hora, a natureza do compromisso etc. Isso vai ajudá-lo a analisar a estrutura de suas atividades, uma vez que você pode solicitar ao seu diário que liste todos os seus compromissos relacionados a um determinado projeto e, dessa forma identificar as áreas que mais absorvem o seu tempo.

Finalmente, os planejadores diários podem ser o mais detalhados possível, devendo estar sempre à mão para ajudá-lo a planejar o seu tempo nos dias particularmente críticos, no futuro próximo. Um exemplo é mostrado na Tabela 9.1. Note que, embora este modelo apresente horários fixos, isto não afeta a questão das prioridades.

Lista diária de "Coisas a fazer"

A lista de "Coisas a fazer" é uma variação do gráfico de planejamento diário, mas em vez de se concentrar em horários específicos, ele começa por estabelecer as prioridades naquelas partes do dia que ainda não estão comprometidas. Este é um dos métodos mais eficientes para melhorar a administração de seu tempo, porque:

- mantém seus objetivos à vista;
- é focado no importante e no urgente;
- concentra-se em uma única tarefa por vez;
- evita perda de tempo com coisas triviais e sem importância;
- facilita a delegação de tudo o que pode ser delegado.

Esta lista pode ser compilada no início de cada dia ou, de preferência, no final do dia anterior. Você começa escrevendo em uma folha de papel uma lista completa das tarefas pendentes das quais você se lembra ou que ainda precisa alinhavar em seu próximo intervalo livre. Chamá-la de "Lista de coisas a fazer" enfatizará essa necessidade.

Tabela 9.1 Organizador diário e planos de ação

Dia e hora:		
Tarefas agendadas ou compromissos		*Tarefas essenciais que precisam ser feitas hoje*
antes das 9h		1
9h		2
9h30		3
10h		4
10h30		5
11h		
11h30		Encontrar as pessoas
meio-dia		
12h30		
13h		
13h30		Ligar e mandar e-mails para as pessoas
14h		
14h30		
15h		Completar documentação
15h30		
16h		
16h30		Tarefas que foram adiantadas hoje – para acompanhamento ou para lembrar
17h		
17h30		
18h		
depois das 18h		

Ao preparar esta lista, evidencie o seguinte:

- seja proativo, não reativo;
- seja exigente com você mesmo, mas realista; comprometa apenas três quartos do seu tempo. As pessoas tendem a ser superotimistas;
- acostume-se a estimar o tempo necessário para cada tarefa. Conseguir fazer o que você planeja requer aptidão para calcular o tempo necessário para a completa execução. É frustrante levar duas horas para fazer um trabalho para o qual foram planejados apenas 30 minutos. Além

do mais, quando surgem as discrepâncias, é importante considerar como você pode reduzir o tempo para a próxima vez que tiver de executá-lo. Inicialmente, para ajudá-lo a conseguir isso, complete os dados da Tabela 9.2;

- lembre-se de que as tarefas podem ter sua prioridade alterada; isto é, a pedido do seu chefe ou com o passar do tempo. Neste último caso, lidar com problemas de impostos e taxas pode ser uma tarefa de prioridade C na segunda-feira, mas tornar-se prioridade A na terça;
- se uma tarefa continua a ser postergada, você precisa se perguntar se é porque a prioridade dela é baixa, ou porque é uma evidência da sua procrastinação;
- esta lista deverá estar sempre disponível no mesmo lugar e, de preferência, sempre com você, de forma a poder ser utilizada mesmo quando você não estiver no escritório. Da mesma forma, use sempre uma pequena agenda ou caderno em vez de pedaços de papel usado para anotar as ideias que podem lhe ocorrer fora do escritório ou use o seu laptop;
- pergunte-se o que quer obter de cada uma das atividades da sua lista, e como pretende se comportar em determinadas situações, ou seja, formal e direto ou paciente e compreensivo.

Estabelecendo prioridades

O próximo passo consiste em classificar suas tarefas em três categorias de prioridades:

A: as que você *tem* de fazer;
B: as que você *deveria* fazer, se isso fosse possível;
C: as que você *poderia* fazer, se conseguisse arranjar algum tempo.

As tarefas incluídas na Categoria A, que não deveriam ser muitas, são então subgraduadas como segue: A1, A2, A3 e assim por diante, e por ordem de importância. A mesma coisa em relação a B e C. Dessa forma você pode ordená-las por grau de importância ou urgência, reduzindo antecipadamente qualquer confusão entre suas atividades e seus resultados.

Mas tome cuidado para não classificar alguma atividade na categoria A apenas porque gosta de executá-la. Faça as coisas porque elas são necessárias e não porque são agradáveis.

Ao determinar a significância e a prioridade destas tarefas, é uma boa ideia envolver seu subordinado direto, se você tiver um, de tal forma que quaisquer papéis ou documentos que você precise possam ser preparados e codificados antes que cheguem à sua mesa. Tendo estabelecido estas prioridades, cada tarefa deverá ser registrada, de acordo com sua classificação, em uma folha igual à que é mostrada na Tabela 9.2.

Tabela 9.2 Lista de "Coisas a fazer" prioritárias

Lista das tarefas prioritárias para hoje: data

Prioridade	*Tarefa*	*Prazo final*	*Duração estimada*	*Tempo fixo*[1]	*Tempo gasto*
A1					
A2					
A3					
B1					
B2					
B3					
B4					
C1					
C2					

Reuniões, visitas, telefonemas a fazer[2] etc. agendados com autorização:

Tempo programado	*Item*	*Duração*	
		Planejada	*Real*

1. Tempo fixo refere-se a tarefas que estão relacionadas à disponibilidade, digamos, de um equipamento ou de horário bancário e que só podem ser realizadas dentro de um tempo determinado.
2. É possível que não seja suficiente registrar "Ligar para X". É possível que você precise adicionar o número do telefone e a razão para a ligação. Também pode ser apropriado ter símbolos codificados para registrar progressos, como: NA – não atende; RT – retornará.

Tanto quanto possível, preste atenção ao seu estilo de trabalhar. Por exemplo, algumas pessoas preferem dividir seu dia de trabalho e concentrar seus esforços nas tarefas nos intervalos entre seus compromissos. Outros são estimulados quando fazem diversas coisas ao mesmo tempo.

Sempre que possível, agrupe os trabalhos similares e tente lidar com eles em um determinado intervalo de tempo.

Mantenha todas as tarefas-chave visíveis no registro diário. Isso vai aumentar a certeza de que você vai trabalhar nelas – você não pode fazer o que escapou de sua memória. É por isso também que é importante ter uma cópia eletrônica e uma cópia impressa deste gráfico.

Acompanhamento

Periodicamente você deverá perguntar-se:

- As demandas desta meta ainda são realistas?
- A implantação do estabelecimento de metas diário resultou em aumento de eficiência e, se não, por que não?
- Que período do dia foi mais produtivo e por quê?
- Este é um padrão de trabalho normal?
- Que período foi menos produtivo e por quê?
- É um padrão de trabalho normal?
- Qual foi o período sem interrupções mais longo? (depois de relacionar as causas das interrupções, indique a ação que deverá ser tomada para controlá-las).
- Quem/o que foi a causa mais frequente das interrupções?
- O que poderia ter sido delegado ou não executado?

A elaboração de uma lista "Fazer hoje" pode ser um longo caminho em direção ao uso eficiente do seu tempo. No entanto, você não deve planejar cada minuto do seu dia; o inesperado pode acontecer. Gerentes eficientes aprendem a responder a tais interrupções.

Como parte deste exercício, tente antecipar; isto, geralmente é mais eficiente do que ações corretivas. Identifique também as áreas de resultados-chave. Lembre-se do Princípio de Pareto, no Capítulo 5, que nos fala que 20% dos nossos esforços podem resultar em 80% das nossas conquistas.

Para a maioria das pessoas estas podem ser as áreas de resultados-chave; elas são as tarefas proativas que nós realmente empregamos para agir, em oposição às puramente reativas da lista anterior. No entanto, é muito fácil esquecer o objetivo primordial, que é drenar o pântano quando você está mergulhado até a cintura no meio de jacarés!

O retorno é muito pequeno quando se usa o tempo disponível em tarefas de rotina e nas atividades do dia a dia. Ao contrário, poderá ocorrer um retorno muito alto quando o tempo for gasto em planejamento, delegação, desenvolvimento pessoal e pensamento criativo. Há itens que são importantes mas não urgentes.

Urgência x importância

Como parte do exercício para classificar e organizar suas tarefas, é importante saber distinguir entre importância e urgência – dois conceitos que frequentemente são confundidos. A importância de uma tarefa é determinada pela relação direta que ela tem com os resultados-chave. A urgência de uma tarefa é determinada pela rapidez com que ela tem de ser executada. A urgência aumenta na proporção em que o prazo final se aproxima.

Na realidade, estes dois conceitos são independentes um do outro e podem ser manipulados separadamente. As tarefas podem ser planejadas conforme mostra a Figura 9.1 para ajudá-lo a determinar as prioridades do dia.

A tirania da urgência

Na prática, o que frequentemente acontece é o seguinte:

- **Importante e urgente.** Pelo fato de serem urgentes, alguns trabalhos são feitos apressadamente e, consequentemente, não são perfeitamente executados. Apressar um trabalho pode gerar sérias consequências.
- **Importante mas não urgente.** Embora estes trabalhos sejam vitais, eles podem ser negligenciados e não executados, pois não são urgentes; motivos mais imediatos podem ocasionar que eles sejam repetidamente postergados.
- **Não importante mas urgente.** Simplesmente por sua urgência, alguns trabalhos recebem excesso de atenção, mas não são importantes a longo prazo. Frequentemente eles ocasionam grandes perdas de tempo. As pessoas sucumbem à tirania do "urgente", permitindo-se desviar das tarefas mais importantes.
- **Nem importante nem urgente.** Em primeiro lugar, é estranho que estas tarefas tenham sido aceitas. Por exemplo, um convite para um almoço em um clube de campo, que um gerente muito ocupado deveria ter recusado ou delegado, um mês atrás, quando foi sugerido. Por não ser nem importante nem urgente, provavelmente não mereceu muita atenção. Mas, agora, tornou-se urgente, pois o almoço é no dia seguinte e o discurso de abertura não foi sequer preparado. O escoamento do tempo fez disso uma urgência e o assunto, apesar de não ser importante, tem de ser preparado hoje.

Embora a urgência possa aumentar na proporção em que o tempo se esgota, ou diminuir em raras ocasiões quando um prazo final é prorrogado, a importância, em geral, permanece inalterada, exceto em situações em que haja uma mudança nos efeitos ou resultados. Se um projeto no qual você esteve trabalhando é cancelado em virtude de perdas ou falta de fundos, sua importância desaparece. Para distinguir entre o importante e o urgente, pergunte-se: "se eu pudesse fazer apenas uma coisa hoje, qual seria ela?".

Figura 9.1 Urgência × importância

Uma decisão errada em virtude da urgência

Para superar a tirania da urgência, é importante aprender a tomar a decisão certa sobre o que fazer em um caso de emergência e avaliar corretamente os níveis de importância. Aqui está o exemplo de uma situação em que estes requisitos não foram bem controlados.

O gerente financeiro de uma empresa precisava mandar fazer reparos urgentes em uma porta de segurança. Quando abordou o departamento de manutenção, foi informado que os mecânicos não estavam disponíveis para os próximos dias, já que todos estavam envolvidos na troca de fechos especiais de todas as janelas do prédio. Para a colocação correta desses fechos, as janelas não deveriam ser totalmente abertas. Nesse meio-tempo, todos os outros trabalhos de manutenção estavam suspensos.

Quando chamado para uma explicação, um envergonhado funcionário revelou que uma súbita rajada de vento soprara, arrancando os fechos de seus encaixes. A janela havia caído em cima do teto do carro do presidente da empresa. Obviamente isto era muito importante para o presidente, mas qual era a importância, relativamente falando, para a empresa como um todo? O estrago no carro já havia ocorrido, portanto, não havia mais nenhuma urgência, enquanto uma porta de segurança danificada tornara-se um risco sério e imediato, requerendo ações de alta prioridade.

Trabalhando com sua lista de "Coisas a fazer"

Quando começar com sua relação de tarefas, tente devotar total atenção a um único item por vez, e esgote todas as possibilidades antes de dá-lo por finalizado. Se não puder fazer isso por falta de tempo, quando você conseguirá o tempo necessário? Não cometa o engano de planejar todos os minutos do dia, e admita que o inesperado pode acontecer. No trabalho de todo mundo (em alguns mais do que em outros), há sempre um elemento que envolve reação às necessidades e demandas de terceiros, os quais, por sua vez, estão perseguindo os próprios objetivos; assim sendo, reserve um tempo para esta finalidade. Gerentes eficientes aprendem a antecipar e a ultrapassar os problemas inesperados com a mesma eficiência com que lidam com as coisas normais e rotineiras de suas tarefas, o que, certamente, é muito melhor do que ter de entrar com ações corretivas para compensar contingências que não tinham sido previstas. Lembre do velho ditado "se alguma coisa pode sair errada, com certeza vai sair errada!".

Reserve também algum tempo para refletir; se não conseguir encontrar esse tempo no curso normal dos acontecimentos, é muito válido fazer um agendamento com você mesmo, em seu diário, tal qual faria com qualquer outra pessoa, ou assunto. Comunique aos seus subordinados diretos que este é o período que você programou para refletir, a fim de que não haja interrupções.

Ao fim do dia

Apesar de nossos esforços para evitar interrupções inesperadas, chegará o momento em que teremos de aceitar o inevitável, ou seja, encerrar nosso dia de trabalho. Claro que muitas tarefas não foram terminadas, mas tente parar em um ponto onde será mais fácil retomá-las no dia seguinte. Isto poderá ser feito de maneira mais eficiente se você adotar uma das seguintes opções:

- encerrar seu expediente quando um ponto intermediário da execução tiver sido realizado com êxito, isto é, quando você tiver conseguido atingir uma submeta;
- deixar o trabalho ajeitado para recomeçá-lo de forma rápida e fácil;
- esclarecer eventuais problemas que estejam travando temporariamente o seu rendimento, a ponto de levá-lo à frustração; os problemas ficarão no seu subconsciente, o qual continua trabalhando nele, apesar de você ter colocado sua atenção em outras coisas.

O fato de ter elaborado sua lista de "coisas a fazer", mesmo que você não perceba isso de forma clara ou consciente, levou-o adiante no sentido de usar melhor o seu tempo, e haverá uma nova lista no dia seguinte. Assim sendo, não se sinta muito infeliz se todas as tarefas da sua lista não forem terminadas ao final de um dia, já que você trabalhou de acordo com suas prioridades. Isto pode significar simplesmente que você tem se esforçado muito. Veja quais foram as tarefas importantes que não terminaram, a fim de incluí-las na lista do dia seguinte; desta forma, você vai se tornando cada vez mais experiente em ajustar suas expectativas ao tempo que tem disponível.

Algumas tarefas são muito extensas ou complexas para serem executadas em um único dia; quando elaborar um relatório de maior importância, pode ser necessário dividi-lo em segmentos – por exemplo, escreva a introdução, prepare o segmento referente aos custos – e comece. Por mais assustador que um trabalho pareça, o fato de dividi-lo em segmentos quebrará algumas barreiras psicológicas, que podem ser muito perturbadoras. Retorne à abordagem do "queijo suíço" mencionada no Capítulo 5: na primeira oportunidade, faça alguns "buracos" significativos no seu trabalho e vá alargando-os até que eles se juntem; a estas alturas, muito da sua substância terá sido absorvida. Você pode perseguir esta ideia e fazer melhor uso daqueles poucos três minutos antes do almoço para coletar os dados necessários para fazer aquele relatório colossal.

O tempo que não for aproveitado desta maneira facilmente poderá ser perdido ou mal empregado em alguma tarefa sem importância, classificada na coluna C.

Finalmente, lembre-se que é muito mais produtivo olhar para trás com satisfação pelas coisas levadas até o fim do que ficar se censurando pelas coisas que ainda têm de ser feitas.

10

Organizando seu local de trabalho

O Pentágono – aquele imenso monumento à subserviência dos homens modernos à escrivaninha.

Lord Oliver Franks

A observação de Franks pode não ter mais a mesma relevância nos dias de hoje, já que as tecnologias da comunicação e informação estão mudando a geografia do trabalho, e a necessidade de espaço nos escritórios está diminuindo. Para um número crescente de pessoas, a execução de seus trabalhos não mais acontece nos limites físicos de suas empresas. Em vez de ir para o escritório, o escritório vai para a casa deles, via internet. As pessoas podem trabalhar em casa, em um escritório virtual se elas estiverem em trânsito por períodos prolongados, ou podem ocupar temporariamente lugares em estações de trabalho ou coisa parecida. A necessidade de espaço também foi reduzida com o uso de computadores, os quais exigem muito pouco sob este aspecto. Os indivíduos equilibram suas responsabilidades domésticas e as do trabalho. Por sua vez, as empresas gozam de um espaço de trabalho mais flexível. Mas isso pode levar as pessoas a um maior isolamento.

Para alguns o escritório apenas atenderá aos aspectos sociais do trabalho, isto é: usar a internet, almoçar, fofocar – já que o trabalho real será feito por telecomunicação.

Dentro dos escritórios, houve uma mudança da disposição física do tipo "colmeia" – a estrutura departamentalizada – para as disposições tipo "cubículo", ou "compartilhadas", onde as pessoas se organizam e organizam seus espaços em função dos projetos em que estão engajadas. Atualmente, há muito mais interação do que havia nos velhos moldes. Adicionalmente, análises recentes dos padrões de tráfego nos escritórios mostram que este padrão de afunilamento do tráfego pelas áreas comuns propicia que as pessoas se misturem e troquem informações sobre o trabalho duas vezes mais do que em outros tipos de configurações.

Enquanto isso, não importa o sucesso que você conquiste em priorizar suas tarefas corretamente se seu escritório está sempre uma bagunça. Organizar o seu espaço de trabalho é uma coisa pessoal, que depende de bom gosto ou não, de hábitos pessoais, além das exigências do seu trabalho. Alguns fatores para levar em consideração a escolha de escritórios tradicionais são mostrados a seguir.

Local

Ao selecionar o local para seu escritório, algumas considerações precisam ser feitas, a saber:

- Sala de reuniões?
- Central de recebimento e distribuição de documentos?
- Arquivo central?
- Estações de trabalho?
- Salas individuais para as diversas gerências?

Se o trabalho é realizado em casa, pergunte-se: por quê? Aqui vão possíveis respostas:

- porque há necessidade de tranquilidade;
- pela força do hábito;

- por opção pessoal (preferência);
- por necessidade.

Espaço

Os escritórios podem ser divididos em duas áreas distintas:

- **Pressão.** Ao redor de sua mesa. Este é um cenário formal, onde o ocupante da cadeira atrás da mesa é o líder. A mesa de trabalho atua como uma barreira, já que é melhor estar sentado atrás da mesa se uma "bronca" tiver de ser dada. Uma mesa redonda sugere disciplina positiva, enquanto uma mesa oblonga com alguém sentado à cabeceira sugere disciplina punitiva.
- **Semissocial.** O espaço mais distanciado da mesa, onde poderá haver uma mesa para café e alguns sofás.

Ao escolher o espaço total, verifique se ele é suficiente para o número de pessoas que lá irão trabalhar, bem como se está adequado aos diversos equipamentos e móveis.

Pesquisas proxêmicas revelam que deve haver uma distância básica para a interação. Quando ocorrem violações a essas distâncias, há um aumento na tensão e podem surgir desconfianças. Leve em consideração, portanto, esta necessidade de distanciamento mínimo entre as pessoas, ao organizar o espaço de seu escritório.

Entrelaçada a tudo isso está a questão da privacidade. A privacidade pode assumir significados diferentes, por exemplo: você ocupa um escritório onde pode fechar a porta ou um espaço aberto com "baias", a título de separação? No primeiro caso você tem uma parcela significativa de privacidade, ao passo que, em uma área completamente aberta, você precisará desenvolver maneiras sutis de conseguir isso. Você precisa primeiro determinar os limites do seu local de trabalho e depois arrumar o mobiliário. Vasos com plantas ou artigos pessoais podem funcionar como indicadores visuais da sua área. Algumas empresas possuem salas fechadas e tranquilas onde os funcionários podem trabalhar quando não podem ser interrompidos.

Também deverá ser feita uma análise cuidadosa do modo como um subordinado direto compartinha o uso do espaço, mesmo que ele possa ter uma sala separada.

Se as viagens são muito constantes, poderia ser útil planejar um lugar para troca de roupas e armazenamento temporário de bagagens.

Ocupação do tempo

Se a proporção de ocupação do tempo é baixa, há tempo suficiente para:

- compartilhar informações, planejamento, ideias?
- estar com as pessoas, principalmente as que precisam de aconselhamento e monitoramento?

Se a proporção de ocupação do tempo é muito alta, você está:

- disponível com muita facilidade?
- em dificuldades?
- a par do que está acontecendo em seu departamento?

Ficar mais livre da mesa pode quebrar as cadeias que amarram você ao escritório.

Equipamento

Os equipamentos adequados devem estar sempre disponíveis, com fácil acesso às ferramentas mais usadas. A regra sensata: um lugar para cada coisa, cada coisa em seu lugar.

Quando o bom funcionamento de uma empresa inclui reuniões, é preferível usar uma mesa separada da sua para conduzi-las. Uma mesinha de café também é útil, quando a estrutura é mais na base do "cada um por si", e é uma forma de estabelecer uma atmosfera mais descontraída e amigável entre todos.

Quando o espaço é limitado pelo alto custo, talvez a melhor solução seja a aquisição de um miniescritório. A escolha do mobiliário também é crucial, já que o formato de algumas mesas provoca a sensação de que o espaço está superlotado. A madeira de cor clara também ajudará a reduzir, aparentemente, a dimensão dos móveis.

Sua mesa é realmente necessária?

Em muitos escritórios as mesas são desnecessárias; elas são uma barreira à comunicação, e podem ser usadas de maneira incorreta. Muitas pessoas as mantêm porque precisam de um espaço para escrever ou colocar o computador. Como alternativa, você poderia optar por uma mesinha de escrever.

Quando a mesa é realmente necessária, algumas pessoas costumam colocá-la de frente para a parede quando estão trabalhando, para evitar distrações. Adicionalmente, quando entra uma pessoa, o ocupante é obrigado a virar-se para o visitante, dando total atenção a ele. Também pode haver uma mesa de trabalho atrás da mesa, o que traria um certo nível de privacidade. Uma cadeira giratória permite que você alterne suas tarefas, tanto física quanto psicologicamente.

A iluminação no mesmo nível que a mesa pode ser preferível, por ser mais concentrada. Mas, sempre que possível, a iluminação natural é a melhor, sob todos os pontos de vista.

A superfície para escrita deve ser confortável. Como regra, as superfícies com tampos de vidro ou muito brilhantes devem ser evitadas, já que o brilho pode causar mais esforço visual. Muitas tarefas são feitas de maneira mais fácil se a superfície for ligeiramente inclinada.

Muitas mesas são excessivamente grandes. O trabalho não é mais expedito por ser feito em uma mesa grande; na verdade, superfícies muito grandes podem tornar a limpeza e a manutenção da ordem mais difíceis.

Mantenha sobre sua mesa apenas os papéis referentes ao trabalho que se encontra em execução. Excesso de papéis e coisas em sua mesa podem dispersar sua atenção. Lembre-se do sábio provérbio: "mesa organizada é sinal de mente organizada".

Se maiores espaços forem necessários com muita frequência, uma extensão em forma de "L" pode ser providenciada.

Objetos pessoais – por exemplo, fotografias e lembranças – não devem ficar sobre a mesa, podem ser arrumados em uma prateleira ou mesa lateral. Isto evita distrações e deixa seu espaço de trabalho mais livre.

As mesas com gavetas têm seus prós e contras. Grande número de pessoas usam-nas como depósitos temporários e às vezes papéis importantes perdem-se dentro delas. Use-as com cuidado.

Reorganize sua mesa periodicamente. A seguir, alguns possíveis procedimentos para ajudá-lo a fazer isso:

1. Se você ainda não se empenhou seriamente em ter um escritório livre de papelada, compre um cesto de lixo bem grande.
2. Tire tudo de cima da sua mesa e esvazie as gavetas.
3. Jogue fora as coisas que não usa mais.
4. Pegue cada um dos itens remanescentes e analise a utilidade deles.
5. Pergunte-se, enquanto analisa um por um: "o que vai acontecer se eu jogar isso fora?".
6. Você vai descobrir que uma grande proporção deles é dispensável.
7. Ponha apenas as coisas que "escaparam da faxina" sobre a mesa.
8. Reveja todos os arquivos que estão sobre sua mesa para ver se ainda estão ativos.

Miscelânea de papéis que não foram enquadrados nos arquivos oficiais podem verdadeiramente desorganizar qualquer mesa. Isto pode ser resolvido se você abrir três arquivos rotulados:

- ideias: para suas próprias anotações;
- autodesenvolvimento: para material didático ou livros de cursos relacionados ao seu aprendizado pessoal;
- algum dia: para papéis que você reluta em se separar e dos quais pode vir a precisar um dia.

Evidentemente todos eles deverão ser revisados em intervalos regulares. Faça uma anotação em sua agenda agora para fazer essa revisão na data que você está determinando.

Os cybercafés

Um número crescente de empresas está aderindo às "estações de trabalho cybercafés". Trata-se de uma espécie de café cibernético, que disponibiliza bebidas e comidas, conexão à internet e que pode facilitar o novo estilo de trabalho. Tais lugares, equipados com PCs e *docking stations* para laptops, todos conectados à internet, podem atender às necessidades de trabalhadores com alto índice de mobilidade. Por exemplo, eles oferecem um local conveniente para seus clientes, particularmente aos que não trabalham no horário convencional, das 9h às 5h, para marcar reuniões ou esperar entre um compromisso e outro. Outros, que precisam de lugares mais tranquilos para se concentrar e que trabalham em escritórios muito agitados, podem escapar e trabalhar em um cybercafé.

Manuseando papéis e relatórios que chegam

Trabalhe em cada um dos documentos apenas uma vez e despache-os. Um pontinho feito a lápis no canto do documento cada vez que você o manuseia é um teste útil da sua habilidade em relação a isto. Mas, cada vez que você pegar um papel, tome uma decisão. Basicamente, você tem apenas cinco opções:

- guardá-lo;
- enviá-lo para outra pessoa;
- agir em relação ao assunto nele tratado;
- fragmentá-lo;
- arquivá-lo.

Em relação à segunda opção, não se trata do clássico "livrar-se do abacaxi" (veja os capítulos 17 e 18) e sim enviar o documento para uma pessoa mais apta a resolver o assunto do que você. Agora, se você precisa lidar com o assunto depois que ele tenha sido analisado por essa outra pessoa, indique no próprio documento a data em que ele lhe deve ser devolvido e anote isso no seu calendário.

Com a terceira opção, quando você trabalhar em cima do documento, deve fazê-lo com total atenção para que seja finalizado corretamente.

Mantenha relatórios não urgentes fora de sua mesa até que você pretenda lê-los. Além disso, se notar que há alguns que são devolvidos regularmente sem que tenham sido lidos, providencie para que seu nome seja removido da lista de distribuição e que apenas os papéis que sejam importantes e relevantes para o seu trabalho lhe sejam enviados. Faça o mesmo com os relatórios eletrônicos.

Quanto aos relatórios de seus subordinados diretos, assegure-se de que eles cheguem em intervalos razoáveis e que não contenham excesso de detalhes desnecessários. Faça com que eles sejam bem direcionados e que não tragam à sua atenção assuntos ou problemas sem soluções alternativas ou recomendações.

O ideal seria você organizar sua mesa diariamente. Em parte, isso se deve a motivos de segurança, mas há um fator adicional, que é poder começar suas manhãs com o lado psicológico tranquilo.

No entanto, as mesas não deverão ser limpas apenas por meio do recurso de jogar todos os itens dentro das gavetas.

Otimizando seus sistemas de arquivamento

É fundamental que você tenha um método eficiente para ter sempre em mãos as coisas que você precisa lembrar ou fazer nas devidas datas. Um calendário ajuda, mas um arquivo do tipo "sanfona", com uma divisória para cada dia do mês e divisórias para os meses subsequentes, é melhor. Agora, quando o volume de papéis é muito grande, é necessário um sistema mais elaborado. Se preferir, pode optar por um sistema eletrônico e verificar seu computador todas as manhãs para lembrar-se de todos os itens.

Evite fazer anotações em papéis soltos; opte por um bloco em que haja espaço adequado para anotar uma mensagem, o nome e o número do telefone que lhe interessem.

Encontrando uma cadeira adequada

Você deverá ter uma cadeira saudável – que seja firme e dê bom suporte para as costas. Seu peso deverá ser apoiado nas coxas e não na coluna, ao passo que a altura correta é quando o peso dos joelhos fica apoiado nos pés. Isto evita pressões na parte de trás das coxas, mesmo que você tenha o hábito de inclinar-se para a frente ou para trás quando está sentado.

Adotar uma postura correta diminui o cansaço de ficar sentado por espaços de tempo muito prolongados e isso, por sua vez, aumenta a produtividade e a eficiência. Cadeiras com dispositivos para regular a altura estão disponíveis. Além disso, algumas cadeiras são reclináveis e possuem um descanso para os pés, e outras ainda trazem um massageador para as costas embutido.

Os efeitos das cores

As cores podem melhorar o desempenho no trabalho e no lar e criar uma atmosfera positiva e satisfatória. Alguns efeitos psicológicos das cores são:

- vermelho: excitação e aumento da pressão sanguínea;
- preto e marrom: criam sensação de cansaço;
- branco: não produz sensações muito fortes mas aumentam a percepção de claridade e espaço;
- azul: é relaxante e ajuda a diminuir a pressão sanguínea;
- amarelo: quando muito brilhante, pode causar cansaço visual, mas de modo geral é percebido como cálido e acolhedor, além de melhorar o humor;
- verde: uma das mais populares, pois lembra a natureza. Pode ser percebida como um elemento frio e refrescante.

Quando selecionar as cores para a decoração de seu escritório, você poderá levar em consideração os seguintes fatores:

- Que funções serão exercidas naquela área? Uma sala de conferências e a recepção requerem uma atmosfera mais formal do que outros ambientes.
- Onde está localizada a área em relação ao restante do prédio? Um espaço que fique exposto à luz do sol requer uma escolha de cores mais sóbrias do que um espaço mais sombrio, que não tenha iluminação natural.
- Que efeitos você quer criar?

A cor pode aumentar ou diminuir a produtividade e alterar o humor dos empregados. Cores claras são mais aceitáveis para a maioria das pessoas e tons muito intensos devem ser evitados. Da mesma forma, paredes recobertas com papéis muito coloridos e cortinas muito pesadas e de cores escuras provocam maior impacto e são difíceis de serem toleradas por longos períodos. Podem tornar-se inclusive irritantes e, consequemente, um obstáculo à produtividade.

Dicas para economizar tempo para quem trabalha em casa

Quando as pessoas trabalham em casa, o equilíbrio entre o trabalho e a vida pessoal sofre mudanças. A menos que haja um contrato claro, estabelecendo as funções e as responsabilidades de cada parceiro, interpretações errôneas e conflitos podem ocorrer. Aqui estão algumas orientações para evitá-los:

- providencie espaço e equipamentos separados;
- não economize com computadores, monitores e impressoras – eles são ferramentas críticas;
- integre sua comunicação – telefone, fax e e-mails – em um único modem; um número de fax diferente do número de telefone impressiona mais. Providencie segurança adequada e verifique se o seu seguro cobre seus equipamentos de trabalho;
- providencie seguros de manutenção para seus equipamentos, do tipo "reparos em até 24 horas";
- não confie apenas na memória do seu computador. Faça sempre uma cópia extra (backup) dos seus trabalhos;
- instale uma linha telefônica separada, ou converta a que você já tem em duas, para evitar atritos familiares; providencie internet banda larga;
- tanto quanto possível, engrene seu horário de trabalho de acordo com o seu "horário nobre". Seja firme em relação a ligações pessoais e visitantes durante sua jornada de trabalho.

Se trabalhar em casa não combina com você, admita isso e procure empregos alternativos.

11

Administrando as interrupções

Espera-se que, com todas as melhorias modernas, descubra-se também um jeito de a gente se livrar dos chatos, porque é muito ruim que... nenhum castigo possa ser aplicado àqueles que roubam seu tempo, bem como a sua paciência e bom humor e, principalmente, as boas ideias que estavam em sua cabeça e foram afugentadas pela chatice.

Lord Byron

Na maioria dos casos, os homens de negócios têm seus dias de trabalho muito fragmentados. De acordo com um estudo de Henry Mintzberg, professor de Estudos Gerenciais da McGill University em Montreal, os gerentes sêniores gastam metade do seu tempo disponível em atividades que poderiam ser perfeitamente levadas a cabo em nove minutos ou menos, uma enorme distância do que é preconizado nos livros. De acordo com essas diretrizes, as pessoas devem planejar e usar o tempo destinado ao trabalho de maneira fria e deliberada. Mintzberg e outros que empreenderam estudos similares não veem estes surtos de atividade como sendo tempo desperdiçado. Ao contrário, eles concluíram que muitos resultados são atingidos quando se fala com as pessoas; fazer perguntas e escutá-las de forma ativa pode levar a melhores resultados.

Mas nem todos os executivos são adeptos do que se chama "circular no pedaço" e mesmo aqueles que usam este método precisam de alguns períodos de concentração, quando as interrupções devem ser evitadas. Por isso, algumas estratégias devem ser usadas para lidar com as duas causas mais frequentes de interrupções: o telefone e os visitantes inesperados (vá para o Capítulo 15, onde você vê como lidar inclusive com suas próprias ligações).

Administrando por meio de "circuladas"

As vantagens citadas a respeito deste estilo de gerenciamento incluem:

- estando sempre em contato com os empregados, o gerente se mantém informado sobre o que está de fato ocorrendo nos corredores;
- os empregados sentem-se cuidados, o que melhora o clima no ambiente de trabalho;
- os conflitos podem ser detectados e neutralizados antes que problemas mais graves deles decorrentes possam surgir.

Em contrapartida, existem algumas desvantagens:

- os gerentes podem gastar muito tempo em função dos outros, e não o tempo necessário para o planejamento;
- a acessibilidade pode gerar sobrecarga para o gerente;
- os empregados podem tornar-se muito dependentes, na crença de que seus patrões resolvam também suas dificuldades menores;
- os empregados podem interpretar essas "circuladas" como uma forma de supercontrole ou excesso de supervisão.

O efeito dos visitantes inesperados

Muitas das pessoas que visitam você em seu escritório sem avisar, provavelmente são colegas, clientes ou fornecedores; no caso de pessoas que trabalham em casa, pode ser seu sócio, as crianças, um vizinho ou uma pessoa de negócios.

Dois fatores têm contribuído para a frequência das interrupções nos escritórios convencionais: o crescimento do estilo gerencial de portas abertas e o grande número de projetos de escritórios no estilo aberto. Este último fator é o resultado de fatores econômicos e ambientais; o espaço custa dinheiro e os escritórios com portas são mais caros do que os "abertos".

Quando as interrupções tornam-se tão frequentes que inviabilizam o trabalho eficiente, é útil fazer um registro das interrupções, das datas, dos horários e, principalmente, dos motivos. Essa ação pode ser ampliada, se necessário, para determinar:

- se os visitantes são desejáveis ou não;
- se eles foram convidados ou não;
- se você vê a interrupção deles como uma legítima demanda ao seu tempo ou não;
- se você lidou com a interrupção de forma eficiente ou não.

Como parte desta análise, pode ser desejável anotar o tempo gasto com cada um dos visitantes inesperados. Você descobrirá, frequentemente, que a regra 80/20 (veja Capítulo 5) se aplica, isto é, 20% desses visitantes vão tomar 80% do tempo que você gastou com todos os visitantes. Isto pode acontecer porque estes visitantes, em particular, têm a tendência de prolongar as socializações cada vez que o visitam.

Também é desejável analisar o que aciona as interrupções. O número de visitantes inesperados pode ser alto em razão de falhas organizacionais, responsabilidades confusas ou falta de diretrizes gerais com relação aos visitantes; isso poderia ser descrito como interrupções acidentais ou facilmente explicáveis. Por outro lado, um número significativo dessas visitas pode estar sendo provocado por você mesmo, podendo precisar de uma revisão radical em suas atitudes e comportamento. Tais explicações podem incluir:

- a ausência de um plano de ação para lidar com visitantes inesperados;
- a sensação de importância que você pode sentir;
- seu próprio prazer em socializar durante as horas de trabalho;
- o desejo de estar disponível: a síndrome da "porta sempre aberta";
- o medo de perder alguma coisa relacionada à sua rede de informações;
- a falta de delegação;
- maus hábitos que não foram devidamente corrigidos;
- a incapacidade de dizer "não".

Como controlar as interrupções

Onde sua análise revelar que o número de visitantes inesperados é um problema maior para a empresa em geral, uma iniciativa de alto nível poderá ser necessária. Uma das abordagens ao assunto seria estabelecer um programa de treinamento para que sua equipe se familiarizasse com as respostas a questões recorrentes. Por exemplo, seria prático e econômico treinar as recepcionistas para que elas pudessem responder aos clientes com eficiência. Essa medida ajudaria a reduzir o número de interrupções ao gerente que as orientasse nesse sentido.

Uma outra abordagem que pode trazer bons resultados é planejar o seu dia com a inclusão de uma "hora tranquila" durante períodos específicos, nos quais as interrupções seriam permitidas, em condições muito especiais e desde que atendessem aos critérios que você determinou previamente. Se você, como a maioria das pessoas, tem nas manhãs o seu período mais produtivo, um cronograma adequado seria mais ou menos assim:

08h00 – 08h30 – contato com as outras equipes;
08h30 – 09h30 – hora tranquila;
09h30 – 10h30 – análise de desempenho;
10h30 – 11h30 – hora tranquila;
11h30 – 12h30 – reunião com clientes.

Se esses arranjos funcionarem para você e forem eficientes para solucionar o problema, outros gerentes poderão decidir adotá-lo. Várias organizações têm desenvolvido essa ideia a ponto de torná-la parte da política da empresa, principalmente no que se refere às chamadas telefônicas internas, como veremos no Capítulo 15. Implantar a política de uma "hora tranquila" pode não reduzir o número de visitantes não esperados, mas permite que as pessoas tenham períodos mais longos livres de interrupções, nos quais elas possam dedicar-se a trabalhos mais construtivos.

Haverá ocasiões em que a hora tranquila será simplesmente impossível. A implementação deste sistema poderá ser mais difícil quando o sistema de horas flexíveis está em vigor mas, ainda assim, algumas variações podem ser adotadas.

Por exemplo, em uma equipe de quatro colegas, um poderá atender a todas as interrupções e salvaguardar os outros três durante a primeira hora, seguido pelo segundo componente da equipe na segunda hora, e assim sucessivamente.

A seguir, uma lista de outras estratégias pessoais que podem servir como um escudo que irá protegê-lo das interrupções:

- Feche sua porta (se você tiver uma). Se você normalmente trabalha com a porta aberta, feche-a sempre que não quiser ser perturbado. Isso impedirá que os transeuntes sintam-se motivados a desrespeitar sua privacidade. Como alternativa, você poderá adotar um sistema de luz vermelha e luz verde, para indicar a sua não disponibilidade e a sua disponibilidade.
- Operações "cirúrgicas". Mesmo que o sistema de hora tranquila não possa ser adotado em todos os níveis da sua organização, as pessoas podem, individualmente e de preferência com o apoio dos colegas, organizar-se para receber as demais somente com hora marcada, tal como fazem os médicos com seus pacientes.
- Faça agendamentos com você mesmo. Se os seus subordinados diretos podem encher sua agenda com compromissos nos quais você terá de ver outras pessoas, então porque motivo você não poderá marcar um horário para estar sozinho? Esta estratégia pode efetivamente bloquear certos períodos, nos quais você ficará livre de interrupções, para poder trabalhar nas tarefas que requerem períodos de concentração.

Concentração

A concentração possui duas dimensões: duração e profundidade. A maioria de nós leva cerca de dez minutos para ficar profundamente focados e podemos manter a concentração por cerca de vinte minutos. Depois disso, precisamos fazer uma pausa. Assim sendo, somos de fato eficientes apenas durante metade do nosso tempo disponível. Se a concentração profunda puder ser mantida por quarenta minutos, o tempo inicial de concentração é aumentado e a produtividade, aumentada.

Com a prática, é possível aprender a se concentrar mais rápido, com o auxílio dos seguintes métodos:

- Trabalhe em apenas uma coisa por vez. Quando um pensamento se intrometer em sua concentração, não lute contra ele, para não criar tensão. Em vez disso, tome conhecimento de que o pensamento está lá, anote-o se julgar necessário, e retorne à tarefa na qual estava trabalhando.
- Estabeleça um tempo mínimo para fazer esta tarefa. Faça um esforço para completá-la dentro do tempo que você determinou. Se isso não acontecer, tente finalizar a etapa em que se encontra, antes de parar e se voltar para alguma outra atividade.
- Recompense-se. Dê a você mesmo um reconhecimento tangível, como, por exemplo, um passeio pelo quarteirão, para significar que você aumentou seus poderes de concentração.
- Tenha um esconderijo. Em algumas ocasiões você poderá achar mais conveniente fazer o seu trabalho importante fora do escritório. A sala da diretoria ou o escritório de algum colega que esteja ausente pode ser uma alternativa, ou trabalhar em casa. Você pode, entre outras coisas, sentar-se no carro, dentro do estacionamento e conseguir ficar, pelo menos quinze minutos ou mais, livre de interrupções. Em suma, trabalhe em qualquer lugar onde você não possa ser encontrado e, assim, não será interrompido.
- Mude suas horas de trabalho. Para conseguir tempo livre de interrupções, algumas pessoas ficam até mais tarde no escritório. Infelizmente, isto não é lá muito lucrativo. Sempre aparecerá alguém no fim do dia, frequentemente apenas para matar tempo. Uma estratégia muito mais efetiva é chegar mais cedo; não apenas é mais improvável que muitas outras pessoas estejam circulando, mas você também pode descobrir que é mais rápido chegar ao escritório do que no horário normal, porque haverá menor congestionamento no trânsito – e o telefone também não vai tocar tão cedo!

Quando as interrupções à sua concentração forem inevitáveis, prepare-se para retornar ao trabalho de maneira fácil e rápida, gastando dez segundos para assinalar o ponto do trabalho em que você estava quando foi interrompido.

Sempre que possível, é melhor que as demais pessoas saibam quando você estiver planejando tornar-se indisponível – isso pode economizar o seu tempo, e o delas... Há certas partes do dia em que as interrupções são inevitáveis; programe tarefas menores e que requeiram pouco tempo.

Outras formas de reduzir as visitas inesperadas

Além das técnicas para controlar o tempo e os locais que mencionamos anteriormente, há outras táticas que você pode usar para reduzir as ocasiões em que as pessoas fazem visitas sem hora marcada. Uma delas é fazer o desjejum com os colegas que você precisa ver com mais frequência. Muitas das coisas que eles precisam discutir com você podem ser resolvidas durante o cafezinho, e aqui o tempo é economizado sob todos os aspectos. Uma variação desta tática é agendar suas reuniões para as 10h15, precedidas por um café às 10h. Seus colegas terão cerca de 15 minutos para socializar e discutir diversos assuntos antes que a reunião comece.

Uma varredura eficiente é muito importante. Treine seus subordinados diretos de tal maneira que, quando indagados se você está ocupado, eles se ofereçam ou para interrompê-lo, ou para pedir-lhe que ligue mais tarde para a pessoa que está à sua procura. Se as pessoas pedirem para você ligar mais tarde, seus auxiliares devem perguntar: "Posso fazer alguma coisa para ajudar?" Frequentemente as pessoas indicam a natureza do assunto, e seus auxiliares poderão estar capacitados a tratar do assunto sem sua intervenção, ou receber documentos e organizá-los para quando você estiver livre.

Instrua seus auxiliares para perguntar quando o visitante ou interlocutor vai estar disponível para falar com você.

O efeito da disposição do escritório

Com pequenas modificações, os escritórios podem tornar-se convidativos ou não para os visitantes "de passagem". Se você colocar sua mesa de tal forma que suas costas fiquem voltadas para a porta, os visitantes se sentirão menos à vontade para entrar. Embora alguns artefatos possam ser úteis para o bom gerenciamento de sua equipe, pois eles deixam as pessoas mais à vontade e facilitam a conversação, evite deixar sua sala muito confortável, ou cheia de coisas interessantes, pois seus colegas e visitantes poderão vê-la como um centro social e "aparecer" com mais frequência.

Outra forma de desencorajar visitas que consumirão seu tempo é pendurar pôsteres do tipo: "Se você não tem o que fazer, é melhor não vir aqui". Habitue-se a ir ao escritório das pessoas com quem você precisa discutir negócios. Além dos benefícios de exercitar-se, isto o deixa no controle do seu tempo; é muito mais fácil você determinar o quanto vai ficar, do que tentar dar a entender à sua visita que ela ultrapassou os limites de permanência. Se sua sala tiver uma saleta, ou uma antecâmara, vá receber os visitantes lá. Isto tornará mais fácil o retorno ao seu "santuário", indicando que a visita ou a discussão chegou ao fim.

Estratégias para lidar com um visitante indesejado

Quando um visitante indesejado chegar ao seu escritório apesar de todas as precauções supramencionadas, há estratégias adicionais que poderão ser adotadas para reduzir a duração da visita. Algumas delas são:

- Estratégias relacionadas às cadeiras. Tenha sempre papéis, arquivos e outras parafernálias em cima de todas as cadeiras. Normalmente, as pessoas sentem-se relutantes em remover alguma coisa de uma cadeira para poder sentar e, normalmente, saem mais depressa se são forçadas a ficar em pé. Levante-se quando achar que já é hora de o visitante ir embora; este é um sinal inconfundível. Ou fique em pé durante todo o tempo da visita; as pessoas geralmente entendem a dica e percebem que você está ocupado.
- Outras mensagens não verbais. Se você estiver escrevendo alguma coisa, mantenha a caneta posicionada. Continue a olhar para a tela do computador e mantenha as mãos no teclado. Mantenha-se com o telefone na mão, como se estivesse iniciando uma ligação no momento em que foi interrompido.
- Evite contato visual com o visitante indesejado. Isto fará com que ele se sinta desconfortável e criará dificuldades para que a conversa se desenrole.
- Evite socialização. A maioria das interrupções têm três etapas distintas: a socialização introdutória, o motivo da visita e a socialização final. A socialização consome mais tempo do que o motivo da visita. Assim sendo, corte ou abrevie a socialização inicial e vá direto ao assunto.

Controlando a duração da visita

Nem todas as visitas inesperadas são indesejáveis, apesar de que, no momento, possam ser inoportunas e invadam seu planejamento diário. Assim, indique, logo no início, quanto tempo você tem disponível, tipo: "Fred, tenho apenas vinte minutos; isto é suficiente para você? Se Fred disser que sim, o limite já está estabelecido. Combine antecipadamente com algum dos seus auxiliares para que ele ligue para você alguns minutos antes do final deste período, e informe que seu próximo compromisso, real ou fictício, acaba de chegar.

Se a conversa demora a chegar no ponto principal, pergunte diretamente: "Fred, sinto que está preocupado com alguma coisa. Você se incomoda em me dizer o que há?". Seja direto e fique no controle da visita. Quando o tempo que você determinou para a duração da visita estiver chegando, diga: "Fred, você vai me desculpar, mas no máximo em dois ou três minutos, terei de tratar de um assunto que está exigindo minha atenção". Antes que Fred vá embora, sugira que ele, futuramente, adote uma ou mais das seguintes sugestões:

- mandar um e-mail; a necessidade da visita poderia ter sido eliminada;
- avisar sobre a visita com antecedência;
- visite você apenas em suas horas calmas.

No entanto, tais manipulações podem, às vezes, tornar-se exageradas. Lembre-se sempre de que o tempo é tirano e deve ser aproveitado da melhor maneira possível, mas não é necessário ofender as pessoas para conseguir isso. Sempre alie firmeza com cortesia e não esqueça nunca o outro lado da moeda. Poderão surgir ocasiões em que você vai precisar interromper as outras pessoas, quando elas estiverem ocupadas. Não seria terrível você sentir-se sempre indesejável?

12

Gerenciando a informação

Depois de mim, o dilúvio.

Atribuído a Mme. Pompadour, favorita de Luiz XV da França

Muitos consultores foram contratados para investigar o trabalho de gerentes. As conclusões deles mostram que um grande número de executivos não trabalha uma semana produtiva de 40 horas. Eles trabalham produtivamente durante 20 horas e gastam o resto do tempo em atividades menos produtivas e que não são manipuladas com eficiência, principalmente as informações que chegam sob a forma de e-mails ou reuniões.

As informações podem vir de três fontes:

- oral;
- escrita;
- eletrônica.

Quando o excesso de informações torna-se um problema, pode ser consequência de fatores pessoais, organizacionais e da forma como a informação é administrada.

Fatores pessoais

Eles podem incluir recebimento ineficiente, procrastinação, receio de ter de tomar uma decisão, organização deficiente, como não lidar apenas com um documento ou assunto por vez, levando-o até o fim, e falta de tempo.

Para evitar sobrecarga de informações, aprenda a assumir o controle. Algumas maneiras de conseguir isso são:

- ser seletivo quando escolher para quem dar seus contatos;
- aprender a priorizar as mensagens e, se possível, delegar esta tarefa a um dos subordinados;
- deixar uma mensagem na sua secretária eletrônica, pedindo aos seus interlocutores para não deixar recados, a menos que sejam de natureza realmente urgente;
- Peça-lhes que deixem mensagens curtas e objetivas, indicando, inclusive, que ação está sendo requerida;
- peça aos seus interlocutores para falar devagar e com clareza;
- ponha em práticas suas estratégias pessoais para gerenciar este problema – é seu interesse fazer isso;
- aprenda a respeitar o tempo dos outros e encoraje-os à recíproca.

Fatores organizacionais

Isto pode incluir:

- **Cultura organizacional.** Quando existe a cultura da culpa, as pessoas tendem a gerar e distribuir grandes quantidades de informação, para se "resguardar".
- **Burocracia excessiva.** Pode ser externa e interna.
- **Cultura multitarefas.** Quando este sistema é adotado, há um grande aumento no volume de informações que tem de ser absorvidas.

- **Uso deficiente da tecnologia da informação.** Durante séculos as pessoas foram "casadas" com os papéis. O papel oferecia flexibilidade, versatilidade e permanência, além de poder ser descartado, quando isso se tornava necessário. O papel é barato e pode ser usado por qualquer pessoa. Mas para o arquivamento, busca e transmissão de dados, a tecnologia deve ser usada.

Algumas pessoas sempre irão se opor à redução da papelada. Ter um fluxo permanente de papéis amontoados em suas mesas dá-lhes uma sensação de importância, de autoproteção, de segurança, ou para dar a impressão de atividade intensa. Além disso, é mais fácil lidar com papéis do que com pessoas, e eles podem ser usados como uma desculpa para que o trabalho real não seja feito.

Outras pessoas lidam com o problema de forma mais eficiente. Observe como Bill Gates trabalha. Ele usa três monitores de 21 polegadas entrelaçados. Da mesma forma, um número maior de empresas está agindo para agilizar a manipulação correta das informações. Companhias aéreas são um bom exemplo: os passageiros podem fazer as reservas on-line e imprimir os próprios bilhetes aéreos.

Ao mesmo tempo, muitos governos parecem ignorar o custo da carga burocrática que eles impõem em organizações, graças ao excesso de legislação. Muitas empresas já tentaram quantificar o custo da burocracia governamental e ficaram horrorizadas com os resultados.

Lidando com informações escritas

Individualmente as empresas podem estar pouco aptas a combater o dilúvio da papelada gerada pelo governo. No entanto, é possível reduzir o fluxo destas informações dentro da empresa. Quando as empresas levam essa empreitada a sério, descobrem evidências de uma onerosa duplicação de trabalho.

Lidar com papéis exige um sistema eficiente que:

- elimine papéis desnecessários;
- evite gerar papéis desnecessários;
- estabeleça uma norma para tratar com os papéis essenciais;
- crie um método para recuperar os papéis essenciais com facilidade.

Dentre os métodos para atingir essa meta, estão:

- o controle da fotocopiadora;
- incentivar as pessoas a controlar o papel, adotando o sistema de e-mails (sem cópias desnecessárias);
- evitar usar papéis em reuniões e discussões.

Como primeiro passo para reduzir a papelada, o fluxo dos papéis deverá ser rastreado. Descubra onde cada papel foi originado, os departamentos por onde passam e como, finalmente, são terminados. Quando você tiver uma ideia clara de como cada folha de papel flui, vai descobrir que é possível planejar mais efetivamente seu controle para o futuro. Comece fazendo algumas perguntas fundamentais, como, por exemplo, qual é o custo de produção da informação que está sendo gerada. Quando o alto custo for conhecido, é possível que a empresa sinta-se encorajada a reduzir o volume.

Não mova o cofre!

No espaço de um ano a Marks & Spencer conseguiu eliminar 26 milhões de cartões e folhas de papel, pesando 120 toneladas. Esta façanha foi resultado, em parte, da maior confiança das pessoas e, em parte, graças à aproximação sensível. Conseguir números aproximados para todos os efeitos práticos é mais eficiente do que ficar se matando para chegar à exatidão. Não faz sentido gastar R$ 10,00 para arrastar um cofre, para recuperar uma moedinha de R$ 0,05 centavos que rolou para baixo dele.

Se você sempre recebe muitos relatórios, pergunte-se:

- Eu preciso deste relatório? Se não, peça ao emitente para remover seu nome da lista de distribuição.
- O relatório chegou dentro do prazo? Se ele chega sempre atrasado, tome providências para que o emitente corrija a situação ou cancele o relatório. Analise também se o prazo para as providências solicitadas por um relatório é arbitrário.
- O relatório está muito detalhado? Você precisa de números que contabilizem a terceira casa decimal depois da vírgula, ou números arredondados seriam mais do que suficientes?
- O relatório contém excesso de informações? Solicite que apenas os dados pertinentes sejam incluídos.
- O formato da ação necessária está bem orientado? Os problemas, as oportunidades e as ações deverão ser claramente estabelecidas.
- Há um resumo executivo no início do relatório?

Ao elaborar seus próprios relatórios, primeiro descubra:

- quem os lê;
- quem realmente precisa das informações contidas no relatório;
- se as mesmas informações estão disponíveis em algum outro documento ou se estão sendo compiladas por mais alguém.

Usando a mesma abordagem, examine criticamente os jornais e periódicos que circulam por seu departamento. As informações podem ser coletadas e distribuídas mais eficientemente por algum outro método? Por exemplo:

- Seria mais eficiente usar o telefone ou ir ao encontro de alguém, em vez de usar informação escrita?

- Em vez de enviar montanhas de e-mails, não seria preferível um boletim informativo mensal, ou quinzenal, que mantivesse os empregados informados a respeito das mudanças, progressos e necessidades? E mais, não seria aceitável que esse boletim fosse disponibilizado apenas eletronicamente?
- Você poderia emitir uma única cópia e determinar o número de pessoas que deveriam receber o relatório ou deveria pendurar uma cópia no mural?
- A informação pode ser coletada e divulgada por algum outro método? Seria mais eficiente?

Uma outra técnica seria tentar suspender a emissão de todo e qualquer relatório por um mês, permitindo, após esse período, a emissão daqueles que realmente fizeram falta.

Mas reduzir a papelada além do ponto necessário pode ser contraprodutivo. Aquele colega que refinava as ideias por escrito antes de fazer circular o documento final poderá ficar tentado a "aparecer" no seu escritório para "testar" alguns argumentos. Neste caso, o que você estaria economizando em papel, estaria gastando em tempo.

Ao introduzir qualquer formulário impresso, faça uma análise cuidadosa da sua necessidade. Pergunte-se:

- Isto é realmente necessário? Há algum outro formulário que possa ser adaptado?
- Quantos outros formulários poderão ser eliminados com a introdução deste aqui?
- Quanto tempo de treinamento será necessário para esta implantação?
- Quanto custará o uso deste formulário: os benefícios compensarão o custo?
- Este formulário poderá ser completado on-line? Se a resposta for sim, elabore um formulário eletrônico.

Enviando menos e melhores cartas

Na tentativa de reduzir o número de cartas que você escreve, pergunte-se:

- Afinal, eu preciso escrever?
- Posso escrever uma nota no meu cartão de visitas em vez de mandar uma carta?
- Posso telefonar em vez de escrever?
- Eu poderia escrever a resposta no original da carta que recebi e ficar com uma única cópia de todo o assunto?
- Eu deveria mandar um e-mail?

Pergunte-se também se você poderia usar os seguintes modelos de correspondência:

- cartas rápidas, compostas por três partes, combinando mensagem, resposta e cópia;
- cartas padrão pré-impressas e que requerem apenas a inserção da data, do nome, do endereço, das saudações e da assinatura, com alguns espaços em branco;
- cartas-modelo; trata-se de cartas completas, não pré-impressas, mas que fornecem modelos de frases que podem ser alteradas para se adequar a qualquer situação.

Além de economizar tempo, as correspondências supramencionadas têm a vantagem de facilitar respostas rápidas, declarações corretas de políticas etc. São, normalmente, mais bem escritas, exigem menor número de cópias e custam menos do que as cartas comuns.

Quando a educação ou a política assim o exigirem, e você precisar escrever cartas nos modelos tradicionais, ainda poderá economizar tempo:

- tentando resumi-la a uma ou duas sentenças, ou a um único parágrafo;

- evite citar assuntos já tratados anteriormente e que o destinatário já conhece bem; em vez disso, cite-os pelo número;
- certifique-se de que todos os itens tenham sido tratados em sua resposta.

Um número elevado de pessoas relê toda a correspondência antes de assiná-la. Com a colaboração de um subordinado direto, isto não seria necessário. Mantenha à mão, para referência, uma relação de palavras que normalmente são escritas de maneira errada. Todas as pessoas envolvidas com letras e palavras deveriam ter um corretor ortográfico eletrônico (desde que cientes das limitações deste dispositivo!).

Cartas com uma única palavra

Um consultor tentou demonstrar, para um grupo de pessoas de negócios, a eficiência de uma carta composta por apenas uma sentença. Logo depois, ele recebeu a seguinte carta:

> Prezado X,
> obrigado.
> Atenciosamente,
> J. Smith

Durante muitos anos o consultor mostrou a carta em suas palestras, para mostrar que uma palavra poderia ser uma comunicação completa. Também enfatizou que uma única palavra tem de ser o mínimo absoluto. Então, ele recebeu outra carta:

> Prezado X,
> obrigado.
> R. Evans

Da mesma forma, quando um senhorio despejou seu inquilino, este respondeu:

Caro X,
eu fico.
Atenciosamente,
A. Robens

Cada pedacinho de papel ou informação nele contida pode ser eficientemente administrado, quando você o coloca nos seguintes lugares:

- cesto de lixo;
- calendário;
- arquivo de referência;
- arquivos diversos;
- arquivo de ação.

Se você tem um assistente, treine-o para:

- descartar os papéis sem interesse antes que eles cheguem a você;
- pedir que seu nome seja retirado das listas de circulação de relatórios que não sejam relevantes ao seu trabalho;
- fazer circular a correspondência que é destinada a todos os membros da sua equipe;
- responder a correspondência de rotina em seu nome, usando formulários sempre que possível;
- arquivar toda e qualquer correspondência que precise ser mantida e que não requeira ação;
- sublinhar os principais pontos das cartas e periódicos que requeiram sua atenção;
- organizar informações relevantes, que possam agilizar suas respostas às correspondências.

Você pode facilitar muito as coisas para você mesmo, insistindo para que todo e qualquer problema que lhe for apresentado por escrito, seja acompanhado de uma possível solução. Você também pode fazer anotações às margens de uma correspondência ou memo que chegue, e deixar que seu assistente se encarregue do restante. Onde apropriado, você pode até mesmo dar sua resposta, em letra legível, devolvendo-a para o remetente com os seguintes dizeres:

> Resposta rápida: Nestas circunstâncias, creio que você vai preferir rapidez à formalidade. A fim de lhe enviar a resposta o mais rápido possível, escrevi as anotações nas margens. Mantive uma cópia.

Agilizando a ação

Onde sua atenção pessoal for exigida, sua papelada deverá ser dividida em duas categorias:

- apenas informações, como correspondência interna, que poderá ser lida quando você tiver cinco minutos livres entre seus compromissos;
- sem importância, ou seja, se você simplesmente puser estes papéis de lado, poderá vir a descobrir que a necessidade de lidar com eles desaparece.

Adote como regra mexer com cada papel apenas uma única vez e decidir sobre seu destino imediatamente. Falhas nessa ação dobrarão o tempo gasto com eles, pois você terá de manuseá-los novamente.

Conforme sugerimos no Capítulo 10, uma forma de avaliar o quanto você é bom nisso é assinalar com um pontinho a lápis, no topo da folha, cada vez que você pegar um papel. Um documento que pareça estar com varíola (muitos pontinhos) é uma medida da sua tendência a se embaraçar com papéis.

Se você precisar reter uma correspondência para analisar posteriormente as informações, antes de respondê-la, coloque-as no arquivo de pendências; não a deixe solta sobre sua mesa. Em muitos casos, os papéis atrapalham e retardam a tomada de decisões.

Cada vez que sua pilha de papéis começa a subir, tente programar a metade de um dia livre de interrupções para diminuir o acúmulo. Você conseguirá maiores e melhores resultados concentrando-se em uma tarefa até terminá-la do que ficar executando-a aos pedaços.

Se as outras pessoas atrasarem as respostas que você pediu, e isso gerar trabalho adicional, você pode:

- mandar-lhes uma breve nota, manuscrita, perguntando se perderam o documento que lhe foi enviado;
- incluir um envelope endereçado e selado ao seu pedido;
- usar um formulário padrão como um lembrete da existência de formulários pré-impressos e preparados para agilizar as respostas;
- usar um formulário que contenha algumas linhas em branco no final da página e solicitar ao seu correspondente que escreva a resposta neste espaço;
- enviar uma cópia da sua correspondência original com o seguinte lembrete anexo:

  "Lembrete: sua resposta ao original da cópia anexa ainda não chegou para mim. Por favor, releia a cópia e responda urgentemente".

- Peça para seu assistente ligar para o destinatário e conferir se a correspondência chegou, pois esta pode novamente ter se extraviado.

Arquivando e encontrando papéis

Um sistema de arquivamento mal organizado pode gerar perdas de tempo monumentais. Ainda assim, os arquivos, com frequência, sofrem falhas em seu planejamento. Observe como é comum que os procedimentos de arquivamento sejam frequentemente deixados ao acaso, ou sob a responsabilidade de funcionários inexperientes, em vez de serem delegados a funcionários competentes e treinados para exercer essa função.

O volume de papéis será reduzido por alguns dos métodos citados anteriormente mas, antes de se decidir pelo arquivamento, pergunte-se: "se eu precisar novamente deste documento, o que acontecerá se eu não encontrá-lo?". Dependendo da resposta, o arquivamento será absolutamente desnecessário.

A retenção de material para arquivo deve ser baseada na utilidade e na importância do assunto, e não em regras arbitrárias. Alguns documentos, especialmente os legais, devem ser mantidos por toda a existência da empresa, enquanto outros não deveriam ser guardados de jeito nenhum. Os administradores e gerentes devem sempre se preocupar com o futuro e a estabilidade da empresa e dos negócios, já que não foram contratados para atuar como arqueólogos ou responsáveis pela continuação da História.

Erroneamente citando Longfellow:

> A vida dos grandes homens nos relembra
> Quando percorremos as páginas de suas histórias
> Que podemos deixar atrás de nós
> Papéis que deveriam ter sido queimados

Quando um papel for arquivado, é desejável anotar no próprio documento, a data em que deverá ser destruído. Nenhuma medalha é concedida pelo desenvolvimento de um sistema de arquivamento de comunicações internas obsoletas. Itens que serão válidos por pequenos períodos só deveriam ser armazenados em um arquivo temporário.

Os métodos de arquivamento devem ser facilmente compreendidos e acessados com rapidez. O custo dos equipamentos necessários a um bom sistema de arquivamento são relativamente baixos, se comparados com o custo do tempo que se perde para encontrar os documentos que não foram guardados de forma adequada. Assim sendo, é desejável que haja arquivos separados em número suficiente para que cada item só possa ter uma destinação lógica. É melhor começar um novo arquivo do que enfiar um item de qualquer maneira dentro de um arquivo já existente e que, às vezes, nem remotamente lembra o assunto de que trata o documento. Por outro lado, evite ter centenas de subdivisões com apenas um ou dois itens em cada uma delas. As pastas devem ser numeradas e etiquetadas, e um índice com os números de referência e os títulos deve ser mantido em uma pasta separada apenas para essa finalidade. Percorrer essa lista para saber qual o número da pasta onde um determinado documento foi arquivado certamente é muito menos incômodo do que ficar abrindo e fechando gavetas de arquivos e procurando pasta por pasta.

Há inúmeros artifícios simples que podem ser usados para um arquivo temporário; por exemplo, grampos, clipes e divisórias de papelão. Eles podem não ser elegantes, mas são baratos e eficazes.

Um conjunto de arquivos temporários para os trabalhos em andamento também pode ser útil. Eles podem ser rotulados como:

- "urgente e importante";
- "para revisão; importante mas não urgente";
- "rotina".

As pastas de assuntos em andamento e muito importantes devem estar sempre à mão. Podem ser mantidos em uma gaveta da sua escrivaninha e claramente rotulados e organizados para permitir acesso fácil e rápido.

Atualmente, a maioria dos itens não é armazenada em papel. Os arquivos eletrônicos são muito superiores em termos de custo e eficiência. Lembre-se que 17 árvores têm de ser derrubadas para produzir uma tonelada de jornais; é necessário um acre para produzir os jornais necessários a um único dia. Assim sendo, o arquivo eletrônico resulta em uma enorme economia ecológica, bem como reduz o tempo colossal que gastamos para ler e arquivar documentos.

Em suma, um sistema eficiente de gerenciamento das informações:

- elimina informações desnecessárias;
- evita a geração de informações adicionais desnecessárias;
- estabelece um sistema de armazenamento das informações essenciais;
- cria um método para recuperar a informação com facilidade.

13

Tornando sua leitura e escrita mais eficientes

Alguns livros devem ser saboreados; outros, engolidos; e alguns poucos deveriam ser mastigados e digeridos.

Francis Bacon

Muito do tempo que perdemos no trabalho é porque negligenciamos algumas coisinhas básicas que aprendemos logo que entramos na escola: as habilidades da leitura e da escrita. Tendemos a vê-las como direito adquirido e garantido pelo resto da vida, mas nos esquecemos de atualizá-las e adaptá-las ao contexto da nossa vida profissional. Conforme vimos no Capítulo 12, o papel polui as nossas vidas. Vivemos em uma era em que predomina o excesso de informação e carência de comunicação. Antes de ler ou escrever qualquer coisa, precisamos nos perguntar: "Isso me ajudará a conquistar as minhas metas?". Se a resposta for "não", esqueça!

Gerenciando sua carga de leitura

Para muitos de nós, o primeiro passo em direção à otimização do nosso tempo de leitura é o esvaziamento. Faça com que seu nome seja retirado de algumas listas de distribuição. Se isso não for possível, "jogue o lixo no lixo".

Sempre que possível, uma pessoa ocupada deve delegar a leitura a outro membro de sua equipe. Sempre haverá alguém que se divirta com a leitura e que esteja preparado para "caçar" notícias que sejam importantes ou relevantes para você. Se você não encontrar ninguém naturalmente dotado para isso, talvez possa instruir e treinar um dos seus subordinados diretos para incorporar essa tarefa à rotina do trabalho dele. Esposas e parceiros também podem ser úteis neste aspecto; até mesmo os filhos que têm sede de novos conhecimentos.

Jornais e revistas especializadas podem ser rotineiramente enviadas a alguém de sua equipe, o qual assinalaria os itens que ele julgar que interessariam a você.

Como alternativa, você e seus colegas poderiam combinar a divisão do monitoramento de publicações específicas, de tal forma que ninguém ficaria sobrecarregado com o trabalho de ter de ler tudo o que é distribuído. O interessante em um arranjo deste tipo é que as pessoas envolvidas veriam imediatamente as informações que são do interesse da equipe e colocariam rapidamente em circulação os itens relevantes e cruciais ao desenvolvimento do trabalho, mantendo, dessa forma, o grupo inteiro informado.

Priorizando e administrando sua leitura profissional

A leitura profissional ou ativa – que busca fontes de informação ou publicações-chave – é muito mais frutífera do que ler passivamente publicações gerais ou material de publicidade que aterrissaram em sua mesa.

Pode ser salutar perguntar-se: "Eu assinaria este jornal se tivesse de pagar por ele?". Se a resposta for "não", remova seu nome da lista de distribuição.

Quando a leitura técnica é necessária, uma ordem de prioridade deve ser-lhe atribuída. Pergunte-se:

- Quais são os melhores jornais, periódicos, revistas especializadas e livros para mim?
- Quem vê este assunto por uma ótica diferente?
- O que os meus colegas de área estão lendo atualmente?
- Quais são as informações que estão disponíveis na internet?

Se você não pode delegar, nem compartilhar sua carga de leitura, poderia valer a pena contratar um serviço especializado em resumos, ou em boletins informativos específicos à sua área de atuação. Normalmente, trata-se de leitura concisa, confiável e com as informações necessárias.

Outra forma de reduzir a sua carga de leitura é usando os ouvidos para assimilar informações. Por exemplo, você pode ouvir um CD ou um MP3, indo ou voltando do escritório.

Ajustando seu estilo e sua velocidade de leitura

É importante tratar a leitura como uma habilidade que precisa ser aprendida e exercitada. Antes de se decidir pela compra de um material mais eficiente, olhe, mesmo que de relance, para o sumário e o conteúdo, para ter uma ideia geral do que se trata. Com isto definido, você decide qual método de leitura que irá adotar.

- **Superficial.** Folheando cada seção para identificar as principais ideias e obter um quadro geral do conteúdo, a fim de identificar que partes você deverá ler mais atentamente. Isto poderá ser suplementado pela leitura da introdução ou do prefácio, e as últimas sentenças de cada parágrafo.
- **Atenta.** Buscando respostas para os seus pontos de interesse. Leia diversas linhas até que palavras ou frases comecem a fazer sentido para você. Uma rápida pesquisa em diagonal de cada página (a leitura formará um grande "Z") é um método eficiente para "escanear" um livro grande.

- **Intensiva.** Leitura cuidadosa, palavra por palavra, quando você precisar compreender totalmente os argumentos, memorizar fatos, preparar uma discussão detalhada ou dominar um assunto novo. É importante eliminar o mau hábito de pronunciar cada palavra que lê; além de não acrescentar nada à compreensão ainda reduz e diminui o seu aproveitamento.
- **Leitura crítica.** Procurando inconsistências e inexatidões, assim como faria ao analisar um rascunho ou uma revisão.

Outras dicas práticas que ajudam você a melhorar sua eficiência na leitura e retenção incluem:

- ajuste a velocidade de sua leitura ao nevoeiro do índice (veja ao final deste capítulo), ou ao nível de dificuldade do material que você está tentando assimilar;
- não tente ler material técnico por períodos superiores a uma hora;
- reveja mentalmente, em intervalos regulares, o que você acabou de ler, e leia mais uma vez tudo o que foi apresentado desde o início do capítulo; essas revisões progressivas ajudarão na fixação do assunto em sua mente;
- ponha em prática tudo o que leu, na primeira oportunidade. Se estiver lendo alguma coisa que precisará usar como referência mais tarde, facilite as coisas para você mesmo, sublinhando as partes mais relevantes; faça breves anotações dos itens que forem mais significativos ou importantes;
- você poderá achar interessante fazer um curso de leitura rápida. Algumas pessoas se beneficiam muito com tais cursos, os quais, alegam, dobram a velocidade de leitura e aumentam a capacidade de compreensão. Alguns conselhos de quem já fez o curso:
  - não desvie os olhos de um lado para outro quando lê uma página; isso vai ajudá-lo a desenvolver sua visão periférica e economiza energia;

- não vocalize a leitura das palavras que seus olhos estão lendo;
- não releia o assunto, nem volte atrás;
- aumente o alcance da sua leitura; tente pegar grupos de palavras em vez de simples palavras;
- use um lápis ou o dedo para "puxar" seus olhos ligeiramente mais rápido do que eles se moveriam naturalmente; eles se adaptarão rapidamente a isso e a velocidade de leitura será progressivamente aumentada;
- comece com a segunda ou terceira palavra de cada linha, evitando perder sua visão periférica com a margem.

Muitas pessoas acham difícil usar a leitura rápida com tabelas de números. No caso de figuras:

- leia o cabeçalho;
- leia as linhas na parte inferior da página e tome conhecimento das notas e observações;
- defina os números-chave que você precisa e leia-os; se não forem conflitantes, ignore o restante.

Lembre-se, entretanto, que seu objetivo primordial não é apenas ler rápido, e sim compreender rapidamente o que lê.

Adicionalmente, não negligencie a alternativa de fazer um curso de leitura rápida e persuadir alguns de seus colegas a fazer um curso de escrita eficiente, para encorajá-los a abreviar os relatórios que eles têm de elaborar para você.

Um plano para otimizar o seu tempo de leitura

A fim de avaliar seu progresso como leitor eficiente, faça uma análise, de tempos em tempos, das economias que você está fazendo com os diversos tipos de leitura que precisam de sua atenção.

Sugerimos um formulário para isso, na Tabela 13.1.

Tabela 13.1 Plano de otimização do tempo de leitura – formulário de análise

Material	*Tempo gasto semanal*	*Tempo economizado por:*			*Total*
		Eliminação	*Delegação*	*Outros métodos*	
Cartas					
Lembretes					
Boletins informativos					
Periódicos					
Jornais					
Livros					
E-mails					
Internet					
Outros					
Total					

Mantendo a leitura sob controle

Nunca permita que o volume de leituras necessárias cresça a um nível exagerado. Se preciso, destine um período específico exclusivamente para isso. Se você não conseguir ler um determinado item até uma determinada data, descarte-o. Manter-se informado e atualizado não significa ler, em um único dia, tudo o que foi publicado no último ano, ou mesmo no último mês. Mantenha um arquivo especial para reter os itens de seu particular interesse e, no tempo apropriado, leia tudo que se acumulou sobre um determinado tópico. É mais provável que você retenha informações lendo extensamente sobre um determinado assunto em um único lugar, do que reunindo dados espalhados sobre o mesmo assunto em intervalos irregulares.

Onde, quando e como você lê poderá requerer as seguintes considerações:

- **Onde.** Muitos gerentes sentem-se culpados por ler no escritório; eles podem ver isso como tempo improdutivo. Apesar disso, há vantagens específicas em ler em sua mesa de trabalho, em vez de fazê-lo em uma poltrona ou em um sofá: você terá à mão todos os materiais necessários: papel, canetas, marcadores de texto e clipes.
- **Quando.** Ler durante o expediente poderá não ser a melhor resposta, em virtude das distrações. Mas, se assim é preciso, considere a possibilidade de chegar mais cedo, ou ficar até mais tarde, para garantir que não haverá interrupção nessa importante faceta de seu posto gerencial; ou faça sua leitura durante viagens mais longas, de trem ou avião.
- **Como.** Isso seria uma coisa mais relacionada à escolha pessoal ou ao hábito; mas não se coloque muito confortável e mantenha o material de leitura em um ângulo de 45°. Quanto mais confortável você se sentir, menor será sua concentração e capacidade de retenção.

Escrita mais eficiente

Escrever a mão em vez de usar o computador, por si só, é uma grande perda de tempo; no entanto, muitos gerentes ainda relutam em aprender a digitar, preferindo o método estabelecido e demorado de escrever rascunhos.

Quanto mais você depende da comunicação escrita, maior é a sua exigência em termos do tempo alheio, que precisarão processar seus textos, para você reler, corrigir e efetuar possíveis alterações no significado ou intenção. A cada um destes procedimentos, o assunto retorna a você, ajudando a consumir o seu precioso tempo. Por essa razão, é importante que suas comunicações escritas sejam simples, compreensíveis e concisas. As sugestões que se seguem oferecem algumas ilustrações do valor da brevidade nas comunicações, se você quer que sejam compreendidas e lembradas.

As palavras devem ser usadas para comunicar e esclarecer. Pense como seria ridículo se alguns ditados e frases bem conhecidos fossem expressos em "oficialês", ou seja, a linguagem pomposa tão utilizada nos negócios e pelo governo:

- Pesquisas sobre as tendências comportamentais do *homo sapiens* revelam que os defuntos do gênero masculino caracteristicamente se abstêm de se comunicar ou transferir descobertas anedóticas (homens mortos não falam).
- O grau de força exercida que irá impactar os corpos que sofreram súbito movimento de descida em direção ao chão é diretamente proporcional, em termos de volume, a estes mesmos corpos (quanto maior é a altura, maior é o tamanho da queda, ou, parafraseando em português: quanto mais alto o coqueiro, maior é o tombo).
- O consumo diário de uma fruta da espécie *pomum vulgaris* tem o efeito de repelir, de forma pronunciada, a necessidade de atendimento por práticos oficiais de medicina (uma maçã por dia mantém o médico à distância).

Funcionários públicos e advogados, em particular, relutam muito em usar menos do que 25 palavras, quando apenas uma seria suficiente. Esta tendência foi parodiada na série de TV, *Yes Minister*, e aceita como estando muito próxima da realidade. Aqui vai um exemplo verídico de um dos regulamentos [1981, Número 2 (3)] do Ministério da Educação (School of Governing Bodies), o qual declara:

> Nesses regulamentos, qualquer referência a um Regulamento é uma referência ao Regulamento destes Regulamentos; qualquer referência em um Regulamento a um parágrafo é uma referência a um parágrafo

daquele Regulamento; e qualquer referência em um parágrafo a um subparágrafo é uma referência a um subparágrafo daquele parágrafo.

Presumivelmente, essa obra-prima foi originalmente escrita com a boa intenção de tentar esclarecer, mas parece que teve o efeito oposto, turvando ainda mais as águas que já estavam bastante escuras.

Grande parte dessa linguagem arcaica foi herdada dos nossos ancestrais do século XIX. A linguagem prolixa e floreada era, então, um sinal de instrução, e ainda hoje perdura muita verbosidade desnecessária. Isto não deveria, entretanto, ser usado como desculpa para permiti-la em nós mesmos.

De tempos em tempos, todos nós somos tentados a usar uma linguagem mais rebuscada, em vez de usar palavras simples e de fácil compreensão. Assim, é bom que tenhamos em mente que o Pai Nosso tem apenas 57 palavras, que os Dez Mandamentos têm 297 e que a Declaração de Independência da América tem 300.

Expressividade × pomposidade

Poderá ser uma experiência salutar perguntar aos seus colegas: "O que é que eu faço que consome o tempo de vocês?". Frequentemente a resposta vai incluir o trabalho escrito. Você poderá economizar o tempo alheio escrevendo menos e comunicando mais. Seu objetivo deve ser "*expressar*" e não "*impressionar*".

Analise seus e-mails e sua correspondência: são tão concisos e claros quanto deveriam ser? Se você escrever para sua amada para dizer "Gostei de beijá-la", você jamais expressaria esse sentimento dessa forma: "Achei nossa conexão osculatória a mais agradável das sensações", não é mesmo? Assim sendo, por que escrever nessa linguagem tão pomposa para seus colegas de trabalho? Talvez esse particular exemplo o ajude a lembrar-se do princípio do KISS[1] e aplicá-lo à sua correspondência comercial:

K = *Keep* (manter)
I = *It* (o, a)
S = *Simple* (simples)
S = *Short* (curto)

Evite, principalmente, criar memorandos internos que reforcem sua posição, com cabeçalhos impressos tais como: "Do escritório de......." Tais autoglorificações não impressionam ninguém e ainda correm o risco de parecerem ridículos, como, por exemplo, uma resposta começando assim: "Querido Escritório", ou "Só me correspondo com pessoas".

Usar ou não uma proparoxítona

Quando a palavra certa para expressar uma particular ideia for uma proparoxítona, use-a, é claro; mas se você encontrar uma palavra menor que tenha exatamente o mesmo sentido, use de preferência. Anualmente, florestas inteiras sucumbem sob o poder das serras elétricas para que gerentes cheios de autoimportância possam "finalizar o término" de alguma coisa, ao invés de simplesmente acabá-la.

A Tabela 13.2 lista algumas expressões comuns que devem ser evitadas e substituídas por um sinônimo mais simples.

---

[1] Trocadilho em inglês, que não tem correspondência em português, porque a palavra *kiss* significa beijo, e neste exemplo o autor usa a palavra como uma sigla, para dizer que sua correspondência comercial deveria ser curta e concisa (mantenha-a simples e curta).

Tabela 13.2 Expressões simples são melhores

Evite estas expressões	*Estas poderão substituí-las*
Indagar	Perguntar
Adquirir	Obter
Levar ao conhecimento	Contar, informar
A esta altura da situação	Agora
Conhecimento pleno de	Saber
Ser mantido no aguardo	Esperar
Início	Começo
Despachar	Mandar

Mark Twain estava certo quando disse: "Jamais escrevo metrópole por 7 centavos, se ganho a mesma coisa para escrever cidade".

Sua digitação também fica muito mais rápida se você usar palavras simples. Há 19 caracteres em "conhecimento pleno de", comparados com os 5 de "saber".

Os autores aceitam que o leitor comece a pesquisar este livro para encontrar falhas na manutenção dos padrões requeridos.

Algumas dicas para aprimorar sua escrita

Pense no que você quer dizer e para quem. Se necessário, faça um rascunho. Pergunte-se: "Por que eu quero que alguém leia isso?" Omita preliminares e tente fazer a primeira sentença o mais interessante e forte possível, como os colunistas de jornais fazem.

Os parágrafos são um tipo de pontuação; portanto, separe seus pensamentos, empacotando-os em parágrafos. O parágrafo é o bloco de construção fundamental de uma carta ou relatório, e o mais difícil, para alguns escritores, é evitar que cada parágrafo vá se alongando, se alongando...

Uma sentença deve expressar claramente uma única ideia. Mantenha suas sentenças curtas. No entanto, algumas sentenças mais longas ficam mais fáceis de ler, se são construídas em torno de uma única ideia.

Cuidado com a pontuação. Compreenda como usar vírgulas. Elas podem modificar totalmente o sentido de uma sentença. Observe o efeito das vírgulas em: "Gerentes, que têm a mente estreita não é promovido", quando o que se queria dizer é: "Gerentes que têm a mente estreita não são promovidos".

A pontuação descuidada, certa vez, causou um embaraço muito caro a um supervisor de uma instalação nuclear do governo americano. Ele mandou que hastes de um material radioativo fossem cortadas em "dez pés do mesmo comprimento" ao invés de mandar cortá-las em "pedaços de dez pés". Claro que foi horrível quando recebeu um material caríssimo e de extrema importância cortado completamente ao contrário do que era determinado nas especificações.

Use a voz ativa. Se você começa suas sentenças com circunlóquios na voz passiva, tais como: "Foi considerado que..." ou "É recomendável que...", você está dividindo a responsabilidade. Popularmente, isto é conhecido como "se cobrir", principalmente quando você está fazendo a coisa por escrito. O recurso da linguagem irresoluta, o uso de grandes palavras que nada significam ou o formato ambíguo das sentenças é utilizado por pessoas que temem estar erradas, que estão indecisas, ou que não gostam de desafios e sempre deixam uma retaguarda para poder escapar caso uma dessas possibilidades ocorra.

Use os verbos na voz ativa. O verbo "ser", em todas as suas formas (sou, és, é, fui, tenho sido) reforça o *status quo* e estimula respostas passivas. Começar uma correspondência com "Há" frequentemente indica maus hábitos na escrita. Não escreva "Há carpetes cobrindo todos os assoalhos", quando você pode escrever "Carpetes cobrem todos os assoalhos".

Da mesma forma, evite construções como a seguinte: "Os relatórios deverão ser apresentados por escrito e deverão ser endereçados ao Escritório Central no primeiro dia de cada mês", quando você pode dar um direcionamento mais forte: "Enviem os relatórios ao Escritório Central no primeiro dia de cada mês".

Escreva sentenças afirmativas, sempre que possível. Sentenças negativas demoram mais para ser escritas, são mais difíceis de entender e não geram respostas ativas. Duplas negativas são, além de tudo, antigramaticais.

Não crie palavras, isto é, evite acrescentar prefixos e sufixos aos verbos, apenas para tornar seu discurso mais retumbante. De forma alguma escreva "utilização", quando o correto e simples é dizer "uso".

Corte do seu vocabulário, escrito e falado, os gerúndios "ando", "indo" e "endo". Seu uso deixa as pessoas confusas e irritadas, pois cria, além de ambiguidade, uma certa sensação de "como é mesmo o certo?". Diga "falarei com ele imediatamente" em vez de "vou estar falando com ele imediatamente".

Evite também separar o sujeito do objeto ou do verbo. Por exemplo, a seguinte frase: "O documento foi arquivado pelo empregado que estava trabalhando nele na gaveta errada", deveria ser reescrita assim: "O documento foi arquivado na gaveta errada pelo empregado que estava trabalhando nele".

Tenha cuidado com os pronomes e certifique-se de seu uso correto, para evitar coisas do tipo "se o bebê não se adaptar ao leite frio, ferva-o"; ferver o leite, ou o bebê?

Evite o "legalês" organizacional. O termo original, *"gobbledygook"* foi criado nos anos 1940 pelo congressista Maury Maverick, para descrever a linguagem usada pelos burocratas. Alguns burocratas ou executivos na área de Relações Públicas são mestres em dizer coisas aparentemente importantíssimas, mas que, se forem analisadas a fundo, não querem dizer absolutamente nada. Eles usam circunlóquios e eufemismos para transformar uma "explosão" em "desmontagem energética", "fogo" em "oxidação extremamente rápida" e "contaminação por plutônio" em "estabelecimento resistente do plutônio". Na melhor das hipóteses, isto é uma forma indireta de mentir, mas é bem provável que a pessoa que usa este tipo de linguagem chame mentira de "inexatidão terminológica", sem ver nisso mal algum.

Finalmente, lembre-se do pretenso lema do Royal College of Surgeons: "Se estiver em dúvida, corte". Por que não fazer a mesma coisa com nossas palavras?

Testes de legibilidade e o índice de nevoeiro

Vários testes foram criados para determinar a legibilidade de materiais escritos e impressos. Entre eles, o Procedimento de Cloze, a Fórmula Dale-Chall, a Fórmula Flesch e o Índice de Nevoeiro de Gunning. Este último é o mais amplamente empregado. O objetivo é encorajar as pessoas a obter um índice de nevoeiro de no máximo 6 pontos. O "nevoeiro", neste caso específico, é representado por passagens confusas, nas quais o significado do que está escrito pode dar margem a interpretações errôneas, ou falhar totalmente no seu intento original. É mais frequentemente aplicado a pessoas que trabalham com as palavras (jornalistas, escritores, professores, profissionais da área de comunicação etc.).

- Procedimento de Cloze. Trata-se de uma avaliação na qual algumas palavras são suprimidas de um texto fechado e os participantes são convidados a completar o texto, sem que haja prejuízo ao sentido original.
- Fórmula Dale-Chall. Também um teste para avaliar a legibilidade, mas com ênfase no número de palavras com as

quais a pessoa está familiarizada. Este número de palavras está relacionado à faixa etária da pessoa que faz o teste.

- Também conhecido como Fórmula Flesch-Kincaid, é um teste para avaliar o grau de dificuldade (escrito, compreendido e falado) das palavras.

Para determinar o Índice de Nevoeiro em sua escrita:

1. Escolha um parágrafo ao acaso em seu texto, e que contenha no máximo 120 palavras. Conte o número de palavras em cada sentença e calcule a média. Trate cada uma das cláusulas claramente independentes como sentenças separadas, por exemplo: "Na escola, nós lemos, aprendemos e progredimos"; conte três sentenças, não apenas uma.
2. Conte o número de palavras com três ou mais sílabas, excluindo:
   - maiúsculas;
   - combinações de pequenas palavras (encadeamentos vocabulares);
   - verbos no presente do indicativo ou no passado que atinjam três sílabas;
   - a primeira palavra de cada sentença.
3. Some a média encontrada em 1 às polissílabas e multiplique o total por 0,4. O número resultante representa a escolaridade necessária para compreender o que você escreveu. Um resultado a partir de 17 significa que sua prosa é tão densa e enevoada que apenas pessoas com curso superior poderão entendê-la.

O material escrito pode ser classificado em:

- **leve:** isto inclui ficção moderna, revistas populares, tabloides diários e os jornais dominicais;
- **médio:** publicações de negócios e outras especializadas;

- **pesado:** qualquer publicação técnica com a qual você não esteja familiarizado, ou literatura escrita em séculos anteriores.

Uma boa medida quando você estiver lendo é variar sua velocidade de leitura de acordo com o nível do Índice de Nevoeiro e ler o material mais pesado mais vagarosamente.

Quão interessante

Além de elaborar uma tabela para computar a "facilidade de leitura", Rudolf Flesch planejou uma "Contagem do interesse humano", que funciona como se segue:

1. Use amostras de 100 palavras.
2. Em cada amostra, conte todos os pronomes pessoais que antecedem os nomes próprios (eu, você, nós, eles, ela, ele etc.); conte todas as palavras que possuam gênero: pai, filha, empresário, atriz; conte todos os nomes próprios; conte todos os coletivos: equipe, pessoal etc.
3. Conte todas as amostras de sentenças pessoais – todas as sentenças que começam por travessão, ou referências do tipo "ele disse", sentenças endereçadas ao leitor, sob a forma de perguntas, sugestões ou ordens; conte as sentenças que contenham ponto de exclamação, ou qualquer sentença incompleta que seja de natureza de conversação.
4. Multiplique o número de pronomes pessoais em cada amostra de 100 palavras por 3.635. Multiplique o número de sentenças pessoais por 0,314. Some os dois resultados. O total representa a contagem do seu Interesse humano, que pode variar de um enfadonho 5, passar por um interessante 30 e chegar a um dramático 80.

Lembre-se: a fórmula de legibilidade não é uma regra escrita, mas simplesmente uma ferramenta para ajudá-lo a escrever da maneira como fala.

14

Escuta ativa

Nosso Criador deu-nos dois ouvidos e uma língua.

Anônimo

Muitos cursos de leitura, escrita e elaboração de relatórios eficientes estão disponíveis. Em contrapartida, poucos estão disponíveis para a escuta ativa. Isto é surpreendente, sob o ponto de vista da parcela de tempo que as pessoas gastam escutando. Além disso, como a maioria das pessoas é apenas 25% eficiente como ouvinte, somas consideráveis são gastas para que as pessoas ouçam de forma ineficaz e percam tempo.

Frequentemente um ouvinte mediano irá:

- achar um assunto desinteressante;
- criticar o palestrante;
- ficar superestimulado por alguns assuntos;
- simular atenção;
- permitir-se distrações.

Como regra, a escuta improdutiva não é o resultado de uma única causa. Os hábitos de ouvir mal se desenvolvem da mesma forma que a má postura física ao andar. Por sua vez, a escuta pobre leva à ineficiência, ao desentendimento e ao conflito.

Isto também pode resultar em mais coisas sendo feitas por escrito. E isto, por sua vez, requer uma equipe maior, mais equipamentos e espaço, além de acúmulo de informação.

Surdez progressiva

Uma medida usada para testar a habilidade de escuta é uma experiência de comunicação verbal chamada de cadeia. Esta ferramenta de pesquisa é uma variação de um antigo jogo de salão. Seis participantes são selecionados e cinco deles deixam o local. Mostra-se uma figura para a pessoa que fica. A figura mostra duas pessoas: um homem negro bem vestido e um homem branco vestido com macacão de trabalho. Eles estão envolvidos em algum tipo de discussão. A figura também mostra um relógio, alguns cartazes de propaganda e alguns outros detalhes insignificantes. Depois de estudar a figura durante dois minutos, o primeiro participante relata a cena para outro participante, quando este retorna ao local.

O processo é repetido pelo segundo participante para o próximo que adentra o local e assim sucessivamente, até que a cadeia seja completada.

Surgem vários problemas. O primeiro participante, com os detalhes que viu ainda vívidos em sua mente, passa para o segundo participante um relatório acurado sobre as duas figuras centrais, envolvidas em algum tipo de discussão. Esse participante, por sua vez, também relata muitos detalhes. No entanto, na proporção em que a história é repetida, a quantidade de informações é drasticamente reduzida e o tema central é perdido. O último participante acaba recebendo um relato sem qualquer menção a uma discussão entre as figuras centrais. A perda ao ouvir obliterou um item significativo. E, quando o tema central aparece, é completamente distorcido por estereótipos. Usando-se experiências deste tipo, a lembrança imediata geralmente é da ordem de 50%. Depois de 48 horas a maioria dos ouvintes lembra apenas 25% do que ouviu.

Uma pesquisa efetuada entre o pessoal de gerenciamento da General Electric, nos Estados Unidos, mostra que:

- a habilidade de ouvir difere substancialmente entre os indivíduos;
- as pessoas podem ser treinadas para melhorar sua habilidade de ouvir;
- algumas armadilhas comuns à boa escuta são identificáveis.

Por que a habilidade de escuta difere

Há um bom número de razões pelas quais a habilidade de escuta pode variar. Por exemplo, a capacidade de ouvir pode estar associada a problemas de vocabulário. Seria difícil para uma pessoa que não seja economista acompanhar uma palestra que usa a seguinte terminologia:

> Minha palestra, esta manhã, é dedicada ao exame de uma economia na qual os segundos derivativos da função útil possuem um número limitado de descontinuidades. Para manter o problema sob controle, eu presumo que cada indivíduo consome apenas dois produtos e morre após uma semana robertsoniana. Somente ferramentas da matemática elementar, como a topologia, serão empregadas.

Dialetos também podem apresentar dificuldades. Tenha em mente companhias sediadas em Londres e que precisavam construir imóveis na Escócia. Antes de mais nada, foi preciso contratar um especialista em dialetos para traduzir expressões tais como: *"Intitut?"* (*Isn´t it hot?* – não está calor?) ou *"Eez gooinooam"* (*He´s going home* – ele está indo para casa).

Frequentemente surgem problemas quando os pontos de vista do ouvinte são rígidos, especialmente entre as pessoas mais velhas. Quando a mente de uma pessoa é estreita, ela filtrará os fatos que vão contra suas crenças. Entre outras coisas, implicações não intencionadas por quem fala poderão ser inventadas. Como evidência disso, ouça uma discussão entre um capitalista e um socialista, ou entre um gerente e um representante de vendas.

Também deverá ser entendido que há diferentes tipos de escuta. Ouvir uma sinfonia de Beethoven exige uma habilidade específica: a de apreciar música. Ouvir eficientemente uma palestra sobre o processo da fotossíntese exige compreensão da informação, das ideias e das correlações. Então, repetimos, diferentes configurações de escuta são requeridas quando ouvimos com julgamento crítico as explicações de um vendedor, ou um discurso político.

No Japão e na Alemanha, pelo fato de os verbos ficarem sempre no final da sentença, as pessoas precisam ouvir a sentença inteira e não tentar acabá-la para o interlocutor.

Os três processos

A escuta eficiente envolve três processos:

- **Audição.** Este é o processo físico e neurológico que capacita a pessoa para escutar sons a partir de um nível de intensidade e dentro de uma determinada faixa de frequência.
- **Escuta.** É o processo de estar ciente do impacto da audição, porém sem avaliação; a mente pode ser como uma esponja, que apenas absorve as impressões sensoriais.
- **Compreensão.** A mensagem adquire significado dentro dos padrões de referência do ouvinte; a compreensão pode vir da empatia ou pela relação do som com uma coisa que o ouvinte tem conhecimento.

O processo de ouvir com compreensão pode ser minado por diversos fatores, como:

- Distrações no ambiente. Tendo em vista as barreiras psicológicas à escuta ativa, os problemas não deveriam ser compostos por armadilhas facilmente evitáveis, como:

- desligue os ruídos desnecessários;
- certifique-se de que não haja ligações telefônicas ou outras distrações, visitantes inesperados;
- evite rabiscar, tamborilar com os dedos ou mexer com papéis;
- verifique se a temperatura e a umidade do local estão adequadas;
- assegure-se de que as partes que se comunicarão estão em condições de estar atentas, isto é, se não estão cansadas, com dores de cabeça etc.

■ Distrações provenientes do ouvinte. As pessoas têm filtros emocionais embutidos, que distorcem o processo de escuta de diversas maneiras, incluindo:
  - manter-se na defensiva: se o que é ouvido parece ameaçador ao ouvinte, sua atenção pode permanecer mais focada em seus sentimentos do que no que é dito;
  - ressentimento: quando os pontos de vista expressos entram em conflito com as ideias do ouvinte, a compreensão e a retenção podem ficar bloqueadas, porque ele está planejando o que vai responder. Ou ele pode estar classificando as coisas nos conceitos: certo ou errado, bom ou mau, em vez de escutar todas as evidências;
  - reação ao interlocutor: se o ouvinte não gosta do interlocutor, da sua maneira ou da sua aparência, o processo de escuta pode ser distorcido;
  - prioridade do foco: quando alguém tem de entrar em uma reunião importante nos próximos quinze minutos, ou sua mente está pressionada por alguma outra prioridade, ele pode até estar ouvindo o que o interlocutor diz, mas é comum que ele não esteja escutando nada. Isto pode ocorrer com maior intensidade quando o assunto em pauta não é de seu particular interesse;
  - reação ao assunto: se a pessoa não estiver familiarizada com o assunto em questão, ou este não for muito atraente

ao ouvinte, é mais difícil conseguir se concentrar do que quando o assunto é interessante;
- efeito auréola: o ouvinte pode admirar o interlocutor a tal ponto que aceita sem questionamento o que ele diz.

- Distrações provenientes do interlocutor. Podem ser ocasionadas por diversos fatores, como:
  - maneirismos;
  - roupas e/ou adornos;
  - uso da linguagem;
  - estilo;
  - sotaque.

Em direção à escuta eficiente

A comunicação verbal tem duas partes distintas: transmissão e recepção ou, mais especificamente, uma pessoa que fala e uma que escuta. Esta última é a mais importante. Isto pode ser demonstrado pela presença de um orador excelente e de um orador medíocre, na mesma palestra, sobre o mesmo assunto, usando o mesmo material, para dois grupos distintos de estudantes. Se o nível de motivação for o mesmo em ambos os grupos, os estudantes usufruirão o mesmo aproveitamento, tanto do palestrante excelente quanto do medíocre. Em outras palavras, os ouvintes que realmente querem fazer sua parte vão absorver o que precisam, tanto de um quanto do outro. Por isso, a afirmação de Emerson "é o bom leitor que faz o bom livro" pode ser parafraseada "é o bom ouvinte que faz o bom orador".

Para aguçar e atualizar nossas habilidades de escuta, nós devemos:

- **Ouvir como as coisas são ditas.** A emissão da fala pode ser dividida em quatro componentes:
  - **ênfase:** a ênfase pode ser colocada em diferentes palavras de uma sentença e adicionar significado. Por exemplo,

coloque ênfase nas palavras em negrito, nas seguintes sentenças:

Bob, o que foi aquilo?
Bob, **o que** foi aquilo?
Bob, o que **foi** aquilo?
Bob, o que foi **aquilo**?

- **velocidade da emissão**: variações na velocidade da voz da pessoa que fala podem mostrar pistas significativas de seus sentimentos. As pessoas tendem a falar mais rápido quando estão aborrecidas, excitadas ou frustradas, e mais devagar quando estão pensativas ou relutantes em discutir um determinado assunto;
- **tonalidade**: quando há estresse ou ansiedade, os músculos da garganta se contraem e a voz se altera para um tom mais alto;
- **volume**: um aumento no volume da voz, geralmente indica um aumento na intensidade emocional.

■ **Observe comportamentos não verbais.** A pessoa que fala não se comunica apenas com palavras. As pessoas estão constantemente se mexendo, e seus movimentos podem revelar sentimentos, emoções e reações. Realmente, a apreciação do comportamento não verbal é fundamental para a escuta inteligente. Em particular, preste atenção a:
- contato visual: a maneira como uma pessoa olha para outra é a maior parte da comunicação não verbal;
- uso das mãos: assim como o movimentos dos olhos, o movimento das mãos é uma das mais expressivas comunicações não verbais;
- postura: como uma pessoa se senta ou fica em pé pode ser um indicador-chave de fatores como: nível de estresse e o grau de cooperação que está oferecendo.

- **Use o tempo livre com eficiência.** A principal causa da escuta ineficaz é o fato de que a pessoa pode ouvir muito mais rapidamente do que a velocidade na qual nossos pensamentos podem ser convertidos em fala.

De acordo com testes de laboratório, uma pessoa pode falar cerca de 100 a 200 palavras por minuto e pensar em torno de 600 a 800 palavras por minuto. Como esta "defasagem" é usada é um grande fator para determinar o grau de eficiência ao ouvir. O ouvinte eficiente usa o tempo extra para pensar, para rever o que o orador falou, estruturando a mensagem e observando as comunicações não verbais, como as expressões faciais e os gestos. Na média de ouvintes sem treinamento, ocorre o inverso. O cérebro se engaja em atividades que impedem a compreensão; por exemplo, planeja o cronograma do período da tarde. Se isso acontece, vamos dizer, em uma reunião, as observações do último orador são perdidas.

Devemos estar cientes, também, que possuímos um filtro emocional embutido que distorce nossos processos de escuta. Se o tópico em questão desperta reações emocionais profundamente enraizadas no ouvinte, o pobre ouvinte não consegue se concentrar no que está sendo dito. Da mesma forma, se o ouvinte não gosta da aparência ou das maneiras do orador, isto também pode distorcer o processo de escuta. Somado a tudo isso está o uso de palavras com forte carga emocional, ou palavras de natureza racista, sexista ou depreciativa, como as que os racistas ou sexistas costumam empregar. Nossos filtros emocionais podem bloquear tais palavras ou frases quando elas entram em nosso ouvido, ou podem permitir que elas entrem com tanta força em nosso consciente, que elas ficam profundamente impressas em nossas memórias.

Ouvindo com os olhos

Assim como você ouve com os ouvidos, ouça também com os olhos. A linguagem corporal pode revelar muito sobre o que a pessoa está falando. Catálogos de sinais de linguagem corporal têm sido desenvolvidos para descrever o "significado" de diferentes posturas e gestos. Por exemplo:

- **Contato visual.** Normalmente as pessoas olham para as outras por 40 a 60% do tempo. Contatos visuais mais prolongados do que isso podem revelar interesse, ao passo que evitar esse contato pode indicar desinteresse ou desgosto.
- **Expressão facial.** Um sorriso, um franzir de testa, um olhar embaraçado ou um aceno de cabeça são algumas das expressões que comunicam sentimentos de medo, raiva, surpresa, aprovação e aborrecimento.
- **Posição.** Inclinar-se em direção ao locutor ou em direção contrária a ele podem indicar interesse ou falta de interesse por parte do ouvinte.
- **Braços e pernas.** Quando cruzados, podem indicar defensiva ou falta de desejo de mudanças.
- **Mãos.** Quando abertas, e particularmente quando o casaco da pessoa também está aberto, indicam abertura.

Como a linguagem corporal é principalmente uma forma inconsciente de comunicação, é menos passível de manipulação ou disfarces. Tenha em mente, entretanto, que a linguagem corporal é baseada na cultura.

Treinando para ouvir

Várias abordagens foram desenvolvidas para ajudar as pessoas a desenvolverem hábitos de escuta mais eficientes. Em um nível mais básico, podemos oferecer uma relação com dez diretrizes para a boa escuta.

1. Pare de falar. A natureza lhe deu dois ouvidos e apenas uma boca. É uma boa dica.
2. Prepare-se para ouvir. A escuta é um processo ativo, não passivo.
3. Coloque o orador à vontade. Ajude-o a sentir-se livre para falar.
4. Remova as distrações. Não rabisque, não tamborile com os dedos, não agite papéis.
5. Seja solidário ao interlocutor. Tente absorver o ponto de vista dele e vá encontrá-lo no meio do caminho.
6. Seja paciente. Não interrompa.
7. Cuide-se em relação a palavras com alta carga emocional. Não permita que elas filtrem a verdadeira mensagem.
8. Evite preconceitos. O que o orador diz é que é importante, não o que ele veste ou o que aparenta.
9. Preste atenção ao tom de voz do orador. Ambos, volume e tom, são significativos.
10. Observe comunicações não verbais. Gestos, expressões faciais, movimentos do corpo, direção e duração do olhar podem ser muito importantes.

Como alternativa, algumas organizações podem escolher oferecer a seus empregados uma cópia da mensagem que aparecia na parede do ex-presidente norte-americano Lyndon B. Johnson; a mensagem dizia: "Você não está aprendendo nada enquanto está falando".

Sem demérito para a lista acima, devemos ter em mente que seu valor é limitado. A escuta ativa exige prática. Isto também contribui para o limitado sucesso de cursos compostos por muito material focado somente no tempo que gastamos ouvindo e no que causa a ineficácia.

Treinamentos bem-sucedidos exigem que os participantes do curso desempenhem um papel. Dentre as técnicas mais usadas está a paráfrase. Um assunto com forte carga emocional é selecionado e duas pessoas com pontos de vista conflitantes são convidadas a discuti-lo. Cada uma delas fala cerca de dez vezes. A primeira, vamos chamá-la de A, apresenta seus argumentos e, então, B tem de parafrasear o que foi dito, até que A esteja satisfeito; quando isso ocorre, os papéis são invertidos. A troca é feita diversas vezes, sempre seguindo o mesmo formato. Rapidamente A e B aprendem a ouvir um ao outro, sem que se registrem reações negativas.

Um observador calcula as trocas como mostra a Tabela 14.1.

Tabela 14.1 Parafraseando

Completa	*Exata*	*Nenhuma*

O observador poderá gastar cerca de 10 minutos ou mais aperfeiçoando o desempenho de A e B.

Uma variação da paráfrase é a confecção de resumos. A diferença é que esta modalidade engloba todos os pontos-chave que foram apresentados na discussão de cada uma das réplicas, e não se limita apenas ao que foi dito na última contribuição dos participantes. Se houve alguma mudança, um determinado número de pontos será atribuído ao participante. Por isso, fazer resumos pode ser importante, pois obriga cada participante a somar às ideias centrais do outro um suporte detalhado.

Todos nós podemos otimizar nossa capacidade de escuta. Por exemplo, podemos ouvir locutores no rádio e tentar trabalhar nos principais pontos de digressões. Tente avaliar o argumento. Anote todas as palavras que provocam seu antagonismo ou sua empatia. Observe quaisquer apelos a preconceitos e fique atento a quaisquer declarações que sejam redigidas de maneira inteligente, com o intuito de parecerem lógicas, embora não o sejam. Na sequência, tente reconstruir a essência do assunto para alguém que não o tenha ouvido, ou ponha-a no e-mail. Muitos de nós também deveríamos tentar ouvir com mais eficiência quando nossos esposos e parceiros falam. Não apenas seria uma boa prática para você, como também poderia melhorar a qualidade do relacionamento familiar.

Retornando nossa atenção ao trabalho, podemos esperar um maior número de benefícios, se os indivíduos aprendessem a ouvir de forma mais eficiente. Isto inclui:

- os sentimentos hostis de um subordinado podem ser diminuídos de forma marcante, se lhe for permitido falar com seu superior, e este ouvi-lo em pé de igualdade;
- um relacionamento melhor poderá surgir se um gerente tornar-se mais sensível aos sentimentos de seus subordinados diretos;
- alguma deficiência genuína dentro da empresa poderá ser trazida à luz.

A eficácia do treinamento da escuta pode ser mensurada. Um dos métodos é o teste Brown-Carlson, o qual avalia a memória imediata: acompanha as instruções, reconhece as transições, reconhece o significado das palavras e compreensão da leitura. Antes e depois do teste permite mensurar o progresso feito pelos indivíduos que se encontram em treinamento. Na Pfizer, companhia norte-americana, a equipe de vendas, que fizera um treinamento de duas horas e meia em treinamento de escuta ativa, foi testada em intervalos de oito a dez semanas. Os testes demonstraram que, uma vez que as habilidades de escuta são desenvolvidas, o conhecimento é retido em caráter permanente.

Outras empresas tiveram experiências similares. Aparentemente, a otimização das habilidades de escuta provou ser útil e está sendo usada continuamente e aperfeiçoada por meio de prática constante.

É relevante mencionar o ambiente ou atmosfera geral em que a escuta ocorre. Geralmente, o clima das comunicações é o resultado dos níveis de confiança, do respeito e da qualidade do suporte que existe entre as pessoas de uma empresa. Quando reina um clima de grande confiança, respeito e ausência de medo, a comunicação é muito mais aberta, honesta e cândida. Ao contrário, a falta de respeito pelas opiniões e sentimentos das pessoas resulta em um clima de comunicação no qual os assuntos são filtrados, um enfraquecimento da escuta ativa em particular e da comunicação em geral.

Plano de ação

Independentemente de você ter feito algum treinamento ou não, o que se segue é um plano de ação pessoal útil para aguçar a sua escuta ativa, ao se preparar para uma reunião importante:

- relacione as preocupações que mais frequentemente o distraem. O que pode ser feito para evitar que elas atrapalhem sua concentração? Decida com antecedência que você vai impedir sua mente de divagar;
- verifique as possíveis distrações e tome as devidas providências para evitá-las ou, no mínimo, minimizá-las:
  - interrupções;
  - nível do ruído;
  - conveniência geral/adequação do local onde será realizada a reunião.

- escreva o que você pensa que é o maior objetivo das pessoas que agendaram a reunião, e como elas esperam atingir seus objetivos, inclusive os itens que não foram mencionados no agendamento;
- se você não gosta ou desconfia da pessoa com a qual precisa conversar, relacione as razões que motivam esses sentimentos.

Mas, entenda, suas buscas precisam ir além de adquirir habilidade de escuta. Uma pessoa pode estar falando sobre um assunto, mas estar preocupada com outro. Por isso, o ouvinte eficiente tem de aprender a ler o perfil de pensamento da outra pessoa, para poder descobrir a "agenda escondida". E, para isso, treinamento em comunicações não verbais é fundamental.

15

Uso eficaz do telefone

Algumas pessoas não conseguem ver um telefone sem tirá-lo do gancho.

W. Somerset Maugham, The Constant Wife

Em muitos casos, o telefone é o embaixador da linha de frente de uma empresa, ou seja, precisa ser atendido rapidamente e com eficiência. Mas o telefone também pode ser um grande consumidor de tempo e uma fonte de interrupções.

Quando a revista norte-americana *Fortune* liderou uma pesquisa direcionada a mais de 50 presidentes e vice-presidentes de grandes empresas para avaliar o que, na opinião deles, mais consumia o seu precioso tempo, as interrupções pelo telefone encabeçaram a lista. E esse problema parece estar invadindo todos os níveis da vida empresarial.

Segure este tigre

Algumas empresas possuem políticas que encorajam o uso mais eficiente do telefone. Por exemplo, quando a economia do Reino Unido entrou em recessão, há alguns anos, economias consideráveis foram feitas na Ford inglesa, com a adoção deste recurso. No entanto, dois anos depois, os maus hábitos reapareceram e a empresa, tentando melhorar a eficiência no uso do telefone, implantou o equipamento Tiger. Esta magnífica sigla (Tiger) é assim distribuída: *Telephone*

Information Gatheing for Evolution and Review (reunião de informações telefônicas para avaliação e revisão).

Um sistema computadorizado classificava todas as chamadas telefônicas efetuadas e suas durações, e passava essas informações, mensalmente, a cada departamento. Após a introdução desse sistema, uma economia não desprezível de 9% foi verificada logo no primeiro ano.

Horas calmas

Uma empresa menor provavelmente não poderá se permitir a aquisição de um equipamento tão sofisticado, mas o bom senso pode ajudar a obter uma economia considerável de tempo e dinheiro. Em algumas empresas, os diretores e gerentes combinam uma "hora calma" todos os dias, entre 9h30 e 10h30, por exemplo, na qual os telefones serão mantidos em silêncio, tanto quanto possível, com o serviço de atendimento automático programado para desencorajar interrupções, a menos que se trate de chamadas de alta prioridade. Adicionalmente, as empresas podem imprimir esta informação em seus cartões de visita e nos papéis timbrados.

Uma empresa, inclusive, reforça esta prática distribuindo o seguinte memorando, tanto interna quanto externamente:

> Lembramos, pelo presente, que nossa empresa concede a seus funcionários um período durante a manhã, das 8h30 às 10h, no qual as interrupções não são permitidas. Se você nos acessar durante este período, sua chamada será atendida pela secretária eletrônica, a qual registrará seu nome e o número do telefone para retornarmos sua ligação. Você poderá, é claro, fazer contato diretamente conosco a qualquer momento, após as 10h. Obrigado.

Um dos benefícios da implantação de períodos calmos é que o ritmo do trabalho não é interrompido, permitindo que as tarefas relacionadas à obtenção das metas sejam efetuadas sem intromissões.

Caso ocorram abusos por parte dos empregados, o assunto deverá ser tratado como indisciplina e, se necessário, deverá ser levado a conhecimento do diretor da área.

Evidências encontradas em pesquisas mostram que os empregados responderão a pressões e diretrizes sobre o uso eficiente do telefone.

Mantendo um cronograma das ligações

O tempo de um gerente raramente é gasto da forma que ele pensa; por isso, é necessário que se faça uma análise objetiva do assunto. O primeiro passo é aferir a gravidade da situação, com a simples manutenção de um relatório das ligações telefônicas atendidas durante um determinado período de tempo. As informações básicas necessárias à elaboração deste relatório são o número de chamadas diárias e a duração de cada uma delas. Se a ligação for redirecionada a um subordinado direto, este registro pode ser feito pelo próprio subordinado, evitando qualquer perda de tempo para seu superior. Os resultados deste relatório inicial serão mantidos para determinar se uma análise mais detalhada é necessária para rastrear a fonte das ligações, ou seja, se elas são mais internas ou externas. Cada uma dessas duas categorias está sujeita a estudos adicionais.

Em relação às chamadas internas, é necessário saber:

- o departamento que gerou a chamada;
- se ela foi originada por um diretor, por um gerente, por um membro da sua equipe ou por um subordinado direto;
- o horário e a duração de cada ligação;
- o motivo pelo qual a chamada foi efetuada;
- se isso for justificável, analisar a necessidade do uso do telefone, quando comparado com outros meios de comunicação.

As chamadas externas requerem análise separada, e um modelo de relatório é mostrado na Figura 15.1. Este modelo é projetado tanto para as chamadas internas quanto para as externas.

Um cartão como este pode ser preenchido cada vez que o telefone é usado, durante o período em que a análise estiver sendo efetuada. Periodicamente, os cartões devem ser analisados e os dados encontrados poderão ser usados como base para ações corretivas.

Nome do gerente:	Data:
Nome da outra parte:	Assunto:
Chamada: interna/externa	
Assunto:	Duração:
Valor avaliado da ligação: alto/médio/baixo (de acordo com meus níveis de prioridade)	
Justificativa/comentários	

Figura 15.1 Cartão de análise de ligações

A seção referente a comentários pode ser usada para anotações relacionadas a como a ligação poderia ter sido evitada; por exemplo, ser substituída por um e-mail.

Faça da verificação periódica desse relatório um hábito, para saber a duração das ligações telefônicas. Alguns gerentes possuem relógios digitais em suas escrivaninhas, os quais se tornam cronômetros eletrônicos quando se aperta um determinado botão. Uma ampulheta, ou uma consulta a seu relógio de pulso podem dar uma ideia aproximada da duração de uma ligação. Maus hábitos se desenvolvem com facilidade e a verificação periódica do seu consumo de tempo com ligações indica quando uma ação corretiva torna-se necessária. Uma boa medida para economizar muito do seu tempo pode ser estabelecer um limite na duração de suas conversas por telefone.

Quando usar este tipo de análise para evitar a perda de tempo, considere os seguintes fatores:

- hábitos e preferências pessoais;
- nível de confidencialidade da informação;
- a localização física do telefone em relação aos seus colegas mais próximos;
- fatores culturais, como a preferência por este tipo de comunicação em determinados grupos.

Formas de comunicação sem fazer uso do telefone incluem o fax e o e-mail. Ambos ultrapassam o fator fuso horário.

A videoconferência é uma outra opção. Seus principais prós e contras, são:

- Prós:
  - economiza tempo e dinheiro com viagens;
  - possibilita a construção de equipes e empresas "virtuais", conseguindo juntar as pessoas, mesmo que elas estejam fisicamente muito distantes.
- Contras:
  - apesar de os custos terem diminuído, ainda são muito altos;
  - as oportunidades para o contato humano são reduzidas.

Com a aceitação dos IPs (Internet Protocol) para os serviços de telecomunicações, muitos produtos novos estão surgindo além dos computadores.

Rastreamento eficiente por meio de um AP

As pessoas que optam por um AP (assistente pessoal), precisam oferecer instruções claras ao pessoal de atendimento, referentes a:

- quais as chamadas que o usuário vai atender;
- se o usuário pode ser interrompido;
- se é para fazer a transferência da chamada, caso o gerente esteja na sala de um colega;
- quais chamadas serão atendidas pelo colega.

Com um atendimento cuidadoso e eficiente, muitas das pessoas que ligam para você fornecerão ao AP detalhes do assunto que desejam discutir com você. Isto frequentemente acontece quando o AP diz: "Lamento, mas X está em outra ligação no momento; se você quiser adiantar o assunto, poderei passar as informações quando ele estiver disponível para retornar sua chamada".

Uma outra técnica é o gerente estar oficiosamente "fora do escritório" durante toda a manhã e encarregar seu AP de coletar todas as ligações durante este período, de forma que elas poderão ser retornadas à tarde, após o seu "retorno" ao escritório.

Na ausência de um AP, é possível conseguir que algum colega atenda suas chamadas durante determinadas horas. Arranjos dessa natureza garantem que cada pessoa tenha algum tempo "reservado" durante sua jornada de trabalho.

Usando o telefone com eficiência

A fim de lidar melhor com o telefone, a necessidade primordial é desenvolver bons hábitos no trabalho. Frequentemente, quando dois gerentes no mesmo escritório enfrentam os mesmos problemas de gasto excessivo de tempo ao telefone, uma análise mais aprofundada mostrará que um ou outro é muito mais eficiente. Isso refletirá as diferenças na personalidade, mas também mostrará que o menos eficiente dos dois poderá ter as seguintes características:

- não consegue resistir ao toque do telefone;
- usa o telefone para socializar;
- acha-se indispensável e atende pessoalmente o telefone;
- supervaloriza a própria importância quando lida com os outros;
- tem necessidade compulsiva de se envolver;
- sente-se inseguro quando atende ligações;
- não possui habilidade para encerrar a conversa rápida e polidamente;
- não consegue avaliar o tempo que gasta quando fala ao telefone;
- não providencia antecipadamente a documentação ou os dados que precisará para responder à ligação.

Os métodos que otimizam a eficiência ao lidar com o telefone incluem:

- encorajar os gerentes a pensar antes de pegar o telefone para fazer uma chamada externa, e considerar se é a melhor maneira de utilizarem seu tempo. Se for, a mensagem deve ser moldada para atender exclusivamente às necessidades e transmitida tão rapidamente quanto possível;
- concentrar-se, pois um contato visual, por exemplo, uma folha de papel em sua mesa, pode facilmente levar à distração;
- limitar a conversa social. Sem parecer descortês, tratar apenas do assunto que tem em mãos;
- eventuais particularidades devem ser tratadas de forma sucinta;

- use os efeitos da primazia. As pessoas lembram-se mais facilmente das coisas que ouvem primeiro. Assim, comece com um resumo das coisas a serem resolvidas, faça o detalhamento necessário e termine com uma breve revisão do que foi tratado;
- antes de fazer uma ligação, pense se o momento é adequado. Ligar um pouco antes da hora do almoço, ou no final do expediente é ideal para tratar com pessoas prolixas.

Se a linha não estiver boa, desligue e tente novamente.

Use o serviço e o tipo de telefone mais adequados às suas necessidades

Os telefones têm uma vasta quantidade de opções e serviços. No Reino Unido, por exemplo, a British Telecom (BT) oferece:

- chamada em espera: permite que você saiba quando outra ligação está entrando no seu número;
- desvio de chamada: transfere sua chamada para outro telefone;
- indicativo de chamada: número adicional, com toque diferente;
- retorno: permite que você saiba quando o número para o qual você ligou está disponível;
- lembrete de chamada: agendamento de chamadas;
- videoconferência: permite a conexão de até três usuários ao mesmo tempo;
- detector de chamada: permite ver o número que está ligando para você;
- restrição a chamadas: permite programar o telefone para bloquear determinadas chamadas;
- exibição do último número discado;

- exibição dos cinco últimos números discados;
- chamada em espera pela internet: avisa-o se alguém está ligando quando a linha está ocupada com a internet;
- restrição a chamadas pela internet: bloqueia certos tipos de chamada quando você estiver usando o BT para acessar a internet.

Escolha o aparelho que tenha as características que você realmente precisa, já que não faz sentido não usá-las.

Um telefone equipado com memória eletrônica ou rediscagem automática pode ser interessante. Mas seja cuidadoso ao fazer ligações extremamente confidenciais, já que o número que você chamou ficará registrado na memória.

Os aparelhos equipados com viva-voz, ou os sem fio, também são desejáveis, pois permitem que uma terceira pessoa, que eventualmente esteja no seu escritório, ouça a conversa, ou você pode manter a conversação e ficar com as mãos livres para fazer anotações.

Também disponível, a mensagem de voz, que permite não só que uma mensagem seja deixada, mas também que ela seja gravada e transmitida simultaneamente a todos os que estejam cadastrados no sistema, mesmo que os destinatários não estejam disponíveis quando a mensagem é enviada. Este processo evita a geração de ligações para várias pessoas, a fim de transmitir a mesma informação. As operadoras de cada país têm seu próprio leque de opções para oferecer aos seus clientes.

Algumas dicas para economizar tempo

Organize suas ligações com antecedência. Por exemplo:

- se você dispõe de um AP, peça-lhe para ligar e ter certeza de que a outra parte está disponível para receber sua chamada; ele pode, inclusive, indagar se há algum assunto que poderia ser discutido com algum de seus subordinados diretos, antes que a ligação seja transferida para você;

- se a pessoa com quem você quer falar não estiver disponível, deixe uma mensagem com um de seus assistentes diretos, para que ele providencie um horário conveniente para você ligar novamente, e:
  - saiba tudo o que é necessário sobre o assunto;
  - tenha em mãos todos os papéis e arquivos referentes ao assunto;
  - tenha em mente o custo das ligações telefônicas.
- quando precisar fazer diversas ligações:
  - organize-as por ordem de prioridade;
  - leve em consideração os horários das pessoas para as quais você vai ligar, para ter certeza de que não fará ligações improdutivas;
  - tente reservar um horário determinado do dia para fazer as chamadas.
- tenha sempre os números de telefone facilmente disponíveis. O tempo gasto tentando encontrar os números pode ser evitado com o uso de um aparelho com memória, o qual armazena uma relação de números e tem um único botão para rediscar automaticamente os números que estiverem ocupados. Outra maneira de ter os números sempre em mãos são:
  - um cartão que você possa carregar no bolso;
  - uma agenda de mesa;
  - seu computador.
- se você precisar aguardar na linha, poderá:
  - declinar ser colocado em espera e indagar quando será conveniente ligar novamente;
  - deixar uma mensagem, principalmente se já é a segunda ou terceira tentativa;
  - esperar, mas, no caso, deixe sempre um relatório ou uma revista por perto, para que possa aproveitar o tempo. Use esta estratégia somente quando a outra parte for muito difícil de ser contatada, ou quando não quiser desligar e perder a chamada.

- quando estiver longe do seu escritório, verifique se seu celular está carregado. Isto pode ajudar a reduzir a tensão e a tornar o seu tempo mais produtivo. No entanto, você precisa ter certeza de que:
  - não está infringindo alguma lei de trânsito, falando ao telefone enquanto dirige;
  - não está incomodando as pessoas ao seu redor;
  - não está transmitindo informações confidenciais a pessoas que podem estar prestando atenção à conversa;
  - que o uso do celular não se torne um vício.
- como regra, os celulares deverão ser desligados antes do início de uma reunião. Se você estiver esperando uma ligação importante, avise às demais pessoas que estão participando da reunião e saia da sala para atender;
- quando precisar, por exemplo, fazer uma ligação internacional e estiver na casa de amigos, use o seu cartão de crédito para evitar que a tarifa seja enviada para a conta deles. O uso do cartão tem a vantagem adicional de fornecer registro impresso de todas as chamadas que estão sendo debitadas.

Atendendo ligações

Receber chamadas telefônicas é muito diferente de fazê-las. Elas podem interrompê-lo, ou pegá-lo de surpresa; portanto, desenvolva algumas técnicas para lidar com elas. Aqui estão algumas maneiras de fazer isso:

- avise às pessoas quais os horários que você está disponível para receber ligações;
- ao atender, pergunte imediatamente: "Quanto tempo vai durar esta conversa?". Dependendo da resposta, você pode decidir se atende de imediato ou se pede à pessoa para ligar em um horário mais conveniente;

- trate seus interlocutores mais reticentes com cortesia e firmeza – afinal, eles estão apenas fazendo o trabalho deles.

Ao terminar uma chamada, seja polido, mas firme – e desligue.

Crie algumas formas de encerrar suas ligações que sejam polidas, mas definitivas. Por exemplo, instrua seu AP com antecedência para que um visitante imaginário chegue exatamente em um determinado horário, volte-se para o "visitante" e diga: "Desculpe-me por fazê-lo esperar, estou terminando esta ligação", de tal maneira que seu interlocutor ouça do outro lado da linha, e espere que ele compreenda a dica.

Todas estas regras têm exceção, é claro, dependendo de quem está ligando. Se se tratar de um cliente importante, é fundamental atendê-lo, a despeito da inconveniência do horário.

Anotando

Sempre vale a pena anotar o que foi dito durante as chamadas telefônicas importantes. Isto pode parecer tedioso, mas pode economizar muito do tempo que normalmente é gasto com indagações sobre o que foi dito exatamente, ou tentar se lembrar qual foi o acordo que foi feito.

Faça as anotações durante a ligação. Muitas vezes, o telefone volta a tocar assim que você encerra uma chamada. Guarde todas as suas notas em um único lugar, a menos que você tenha um arquivo especial para a informação.

Economizando o tempo alheio

O telefone deve ser atendido no máximo após dois toques. Procedimentos claros devem ser estabelecidos e seguidos ao receber e transmitir recados. Por exemplo, você deve se identificar, sorrir e ser acolhedor. O interlocutor pode não vê-lo mas, com certeza, rapidamente formará uma opinião a seu respeito. Se você sorrir, vai transparecer no tom da sua voz que você é acessível ou cordial. Da mesma forma, seja entusiasta.

Se você se comprometer a retornar a ligação, faça isso rapidamente. Se no momento você estiver ocupado, seja breve, mas mantenha o que foi combinado.

Resumindo, a forma como os gerentes lidam com as ligações telefônicas depende, e não pouco, do autoconceito da eficiência e da importância que eles dão à economia de seu tempo. Isto precisa ser pesado contra a percepção da importância do tempo que eles estão preparados para gastar com o telefone. O desenvolvimento de hábitos profissionais eficientes também é importante.

Finalmente, se você insiste em atender todas as chamadas externas pessoalmente porque os interlocutores são demasiadamente importantes para serem atendidos por outra pessoa, lembre-se de que sua empresa continua funcionando muito bem mesmo durante suas férias.

16

Uso eficaz da tecnologia

Os privilegiados no mundo de hoje são os sem fio.

Anônimo

O avanço nas tecnologias da informação e comunicação oferece ao mundo dos negócios uma infinidade de formas para comunicação, transmissão e recapturação dessa informação. Embora muitas dessas tecnologias ofereçam vantagens óbvias para incrementar a eficiência dos negócios e a oportunidade de competir no mercado atual, vale a pena notar que, assim como bênçãos, a tecnologia pode trazer algumas maldições.

De todas estas novas tecnologias, o e-mail tornou-se, de longe, o meio de comunicação mais disseminado e integrado desde o advento do telefone. Por isso, seus efeitos no moderno mundo dos negócios precisam ser examinados mais detalhadamente.

Poucos negócios podem sobreviver sem o e-mail, já que ele é aceito como meio de comunicação informal (tanto quanto o telefone), mas também como uma forma de registro formal de conversas e decisões, quase como as tradicionais cartas.

Essencialmente, o e-mail pode facilitar:

- comunicação rápida e fácil, onde quer que as pessoas estejam baseadas ou localizadas;

- transferência rápida das informações necessárias;
- agilização das comunicações para todas as pessoas envolvidas, a partir do momento que uma nova decisão tenha sido tomada.

No entanto, a menos que gerenciado com eficiência, o e-mail pode tornar-se um grande consumidor de tempo, já que "manter a bola rolando" pode tornar-se, por si só, um trabalho. Realmente, seria mais agradável dizer que as vantagens trazidas pelo aumento da velocidade e da facilidade nas comunicações podem ser avaliadas pelo aumento do número de e-mails recebidos, e que as reclamações sobre os e-mails são feitas pelas mesmas pessoas que antes reclamavam dos memorandos e do telefone.

Além disso, as inovações nas formas como a informação eletrônica é recebida também estão aceleradas. De forma alguma o trabalho é confinado a um escritório. Ao contrário, para "facilitar" nossas vidas, o escritório é que se locomove – constantemente. As comunicações via e-mail ou telefone podem ser feitas em casa, no trem, no avião e até mesmo quando você está em férias. Mas... isto é necessariamente uma coisa boa? Apesar de as pessoas estarem livres da locomoção diária para o trabalho, esta tecnologia "sempre disponível" pode trazer o sentimento de que nunca estamos realmente "de folga".

O e-mail significa que você pode ser acessado, apesar de possuir um AP, que, na teoria, deveria funcionar como um guardião e se encarregar de todas as suas mensagens. Consequentemente, o jeito é também envolver o AP em seus e-mails. Para assegurar-se disso:

- comunique seu AP;
- envolva seu AP;
- delegue o máximo que puder.

Um sistema deverá ser claramente definido e implantado: apenas uma pessoa poderá lidar com seus recados e e-mails.

Os e-mails trazem consigo vários problemas, como vírus, lixo eletrônico, duplicidade de mensagens etc. É desnecessário dizer que isso acaba ocasionando uma sobrecarga de informação, quase sempre inútil, e acaba acarretando, por sua vez, o clássico problema: o importante torna-se também urgente. Às vezes demoramos tanto para separar o lixo das coisas importantes, que podemos perder o prazo para sermos eficazes. Além disso, as pessoas que enviam os e-mails supõem que você verifica regularmente suas mensagens e podem agir com base no *envio* do e-mail.

Graças ao seu imediatismo e facilidade de uso, o e-mail e outros meios de comunicação eletrônicos são imbatíveis se comparados a reuniões, a cartas convencionais e, em menor grau, ao telefone. Por isso, de acordo com os sociólogos, há um risco maior de "estranhos sem face" estarem indo ao encontro de problemas. Por exemplo, pelo fato de detalhes importantes – como expressões faciais, tom de voz, gestos etc. – estarem ausentes nos e-mails, as amenidades cotidianas podem tornar uma mensagem aparentemente rude. E dado que a primeira impressão sempre dá o tom da interação subsequente, as coisas podem deteriorar-se rapidamente. Então, de acordo com os psicólogos, falar primeiro por telefone, por exemplo, poderá colocar as expectativas em um nível mais apropriado – um efeito que pode, então, continuar em um relacionamento por e-mail.

Outros problemas que o e-mail pode trazer incluem:

- a responsabilidade do empregador: e-mails enviados por empregados para tratar dos problemas da empresa são de responsabilidade do empregador. O empregador é responsável, perante a lei, pelos atos dos empregados, mesmo que estes tenham desobedecido as normas e os regulamentos da companhia. Retratações deverão ser incluídas em todos os e-mails enviados pelo empregador, ou em nome dele;

- falha na confidencialidade: apesar de o e-mail ser um meio eletrônico que pode ser apagado, a comunicação pode ter sido impressa antes; mesmo que tenha sido apagada e não impressa, ela pode ser recuperada do computador;
- a "síndrome de esquilo" aplica-se tantos aos e-mails, quanto à correspondência tradicional e pode sobrecarregar as caixas de entrada, tornando difícil encontrar o documento desejado, além de ocupar um espaço valioso no HD;
- como o e-mail pode ser usado para assuntos tanto formais quanto informais, as pessoas podem colocar neles coisas que jamais diriam pessoalmente e, mais tarde, isso poderá ser usado contra elas;
- os e-mails podem ser facilmente enviados para endereços errados, simplesmente por um clique errado, oferecendo oportunidades aos competidores inadvertidamente;
- os e-mails são a forma mais comum de transferir vírus e outros programas nocivos, que podem danificar o computador e os dados da empresa.

Um sistema para e-mails

Antigamente, as comunicações dentro de uma empresa eram feitas ponto a ponto, o que equivale a dizer que era muito difícil que alguém recebesse uma mensagem que não lhe fosse destinada. Agora, com a possibilidade de alcançar diversos destinatários com um único e-mail, os usuários têm de gastar muito tempo com e-mails irrelevantes. Assim sendo, é vital organizar um sistema muito bem definido para lidar eficientemente com seus e-mails. Mais importante ainda, seu sistema deverá mostrar quantos dos e-mails que você recebe são sem importância ou sem interesse (inclusive os spans), e o que pode ser feito para eliminar seu recebimento no futuro.

Além disso, o seu sistema também deverá levar em consideração seus métodos de trabalho, a forma como você prioriza, como prefere se comunicar, como gosta de delegar e quais partes do dia são melhores para lidar com os e-mails. O sistema desenvolvido provavelmente será aplicável a um público mais extenso, isto é, para toda a sua equipe e, possivelmente, para toda a empresa. Por exemplo, foram estabelecidas diretrizes claras para o uso do e-mail? Se elas foram estabelecidas, estão sendo cumpridas?

Embora a maioria das empresas baseie suas políticas relacionadas ao e-mail em torno de sua área de atuação, e em que extensão a empresa é dependente do e-mail para fazer negócios, vale a pena notar que algumas permitem que os empregados acessem o e-mail duas vezes ao dia – logo que chegam pela manhã e depois do almoço. Essa dosagem é a maneira mais eficiente e rápida de minimizar o tempo gasto com socialização. Outra política é proibir que os empregados se comuniquem internamente via e-mail; outras empresas, como a Microsoft, encorajam a cultura de comunicação por e-mail, em vez de por telefone, já que isso resulta em menor quantidade de interrupções.

Também é importante lembrar que a cultura da empresa pode influenciar no número de e-mails enviados. Um número elevado de e-mails copiados ou arquivados pode indicar que a cultura que prevalece na empresa é a da culpa e que os empregados protegem-se guardando "provas" caso ocorra algum problema. Por outro lado, muitos e-mails de pessoas que trabalham em casa ou que se encontram em férias podem indicar que elas são muito responsáveis e possuem alto nível de consciência ou, ainda, que elas têm um alto nível de temor ou paranoia relacionado à empresa.

Também é de vital importância que seu computador e a rede à qual ele está interligado, bem como todos os seus dados, estejam seguros, bem gerenciados e protegidos contra ameaças eletrônicas. Este é particularmente o caso do e-mail, uma vez que nenhum outro meio de comunicação é tão perigoso, podendo transferir softwares mal-intencionados que podem danificar e corromper os sistemas de comunicação e destruir dados. Softwares daninhos, ou "malwares", como são popularmente chamados, ainda podem trazer vírus, worms e spywares.

Assim sendo, é fundamental que as empresas – e também as pessoas que trabalham em casa – instalem tecnologias do tipo filtros de internet e de websites, anti-spans e antivírus em seus computadores e redes.

Respondendo seus e-mails

É essencial que os gerentes eduquem e treinem sua força de trabalho para responder aos seus e-mails. Treinamento e diretrizes neste assunto podem emanar das políticas da empresa, mas quando elas não existem, ou os colaboradores são autônomos, as seguintes orientações poderão ser úteis:

- se o "lixo" não for relevante, suprima-o; se for apropriado, delegue. Caso contrário, *faça isso*;
- aja ou responda na primeira leitura. Caso contrário, coloque em sua pasta de "Coisas a fazer";
- se você não puder responder imediatamente, mande uma resposta breve, mas delicada;
- trate apenas de um tópico por e-mail. Isto facilita a leitura e ajuda o leitor a providenciar a ação;
- coloque a mensagem no contexto e verifique se o assunto está claramente mencionado na linha apropriada;
- se o assunto tiver de ser mudado, altere também a linha referente ao assunto, para que o novo conteúdo fique mais acurado;
- determine as prioridades claramente. Se você aguarda alguma ação, especifique de quem e para quando;

- mensagens que precisam ser retidas deverão ser arquivadas de maneira apropriada, se forem impressas. Imprimir apenas em caso de necessidade;
- escreva como um jornalista escreve um artigo de jornal: use parágrafos curtos e mencione primeiro os fatos importantes;
- quando revisar ou adicionar textos, use uma fonte diferente ou use outra cor, de forma a deixar as alterações evidentes para o destinatário;
- tente não enviar mensagens quando estiver zangado e não escreva com letras maiúsculas (como se estivesse gritando);
- é difícil expressar tom ou linguagem corporal em e-mails; exercite o humor;
- lembre-se que o e-mail é menos eficiente na tomada de decisões pessoais ou de natureza emocional;
- cuidado com e-mails impertinentes; a eficiência de uma pessoa pode ser interpretada como rudeza por uma outra;
- sempre soletre o seu e-mail.

Correio de voz

A tecnologia do correio de voz melhorou muito nos últimos anos, levando-a muito além de uma simples secretária eletrônica. Ele tem um bom número de vantagens, incluindo:

- ele é excelente para diminuir custos. Pode, inclusive, permitir que a contratação de recepcionistas seja abolida;
- as pessoas não são perturbadas com o toque contínuo do telefone de um colega;
- se você ligou o correio de voz porque está muito ocupado, pode ouvir o recado enquanto ele está sendo gravado e, se for alguma coisa muito importante, pode interromper o processo e atender à chamada;

- você pode responder às chamadas quando lhe for conveniente. Desta forma, economiza tempo;
- você pode adotar um sistema que classifica e filtra as ligações. Por exemplo, quando um dos diretores de sua empresa liga, o recado dele, sinalizado pelo número do telefone, pode ser colocado no topo da sua lista de chamadas a fazer;
- quando você não estiver disponível, o correio de voz pode gravar seus recados. Isto poderá ser especialmente importante para certos grupos de pessoas, como os que trabalham em casa, ou os que não têm subordinados diretos;
- conforme mencionamos no Capítulo 15, o correio de voz possibilita que as pessoas que ligam deixem mensagens e permite-lhes gravar e transmitir mensagens idênticas, enviando-as simultaneamente a qualquer usuário que esteja devidamente cadastrado no sistema. Os destinatários não precisam estar presentes quando a mensagem é enviada. Esta facilidade evita que você tenha de ligar para diversas pessoas para passar a mesma informação;
- o correio de voz pode ser operado por controle remoto, o que permite que os recados sejam acessados mesmo quando você não estiver no escritório, ou em casa. Por exemplo, se você viajar para o exterior, dependendo do país onde estiver, e não houver ninguém para anotar seus recados no escritório ou em casa, você pode programar seu telefone para desviar automaticamente as chamadas para o número em que você está;
- se você ligar para alguém, antecipe o correio de voz e tenha seu recado pronto. Isso poderá poupar o destinatário de ouvir uma mensagem incoerente ou desorganizada;
- pesquisas mostram que você praticamente dobra suas chances de receber uma ligação de volta se você usa o correio de voz ao invés do e-mail. A voz parece conter um senso de urgência maior do que um texto em uma tela.

Quando gravar uma mensagem no correio de voz:

- seja breve, conciso e fale devagar, como se estivesse falando com uma pessoa estrangeira;
- no telefone de sua casa não diga seu nome; dizer o número do telefone permitirá que as pessoas que estão chamando "legitimamente" saibam que discaram corretamente, mas não conte a estranhos e ladrões em potencial o nome do dono da casa que eles acessaram.

Em um número cada vez maior de empresas, as equipes substituíram os departamentos. Elas podem ser permanentes ou contratadas para determinadas tarefas. Seus componentes podem estar muito próximos fisicamente uns dos outros, podendo, inclusive, compartilhar um escritório, ou podem estar muito dispersos geograficamente. No entanto, as equipes permanecem unidas, graças aos sistemas de comunicação de alta tecnologia (*high tech*) como agenda eletrônica, e-mail, correio de voz, telefone celular e fax. Mas, para muitas pessoas, o correio eletrônico ocupa o terceiro lugar na relação das coisas mais odiadas no mundo dos negócios, depois dos guardas de trânsito e do lixo eletrônico. Fatores variados contribuem para isso:

- o correio de voz pode causar muito estresse se for instalado por especialistas em Tecnologia da Informação (TI) que não compreendem como as equipes operam. As secretárias das equipes estão mais bem preparadas para configurar os sistemas de correio de voz de forma mais personalizada;
- há um decréscimo no convívio. Uma pessoa pode se esconder atrás do correio de voz;
- o correio de voz está configurado de forma incorreta. Isto pode ser evitado, conforme segue:
  - a mensagem deveria dizer quem você é e o que faz;
  - a mensagem deveria repetir qualquer número e evitar perdas de tempo com amenidades do tipo "bom dia";

- o bip deveria soar assim que você acaba de gravar a mensagem;
- atualize regularmente sua saudação. Por exemplo, não deixe mensagens do tipo "Estou fora do escritório" quando ficará ausente uma semana, ou "Hoje, março...", quando é abril.

Impacto social

O uso cada vez mais difundido de dispositivos de comunicação portáteis criou novas categorias de trabalhadores, já que, em muitos casos, a presença física nos escritórios torna-se desnecessária. Seu chefe, colegas e outros sabem que você pertence à rede organizacional, esteja você em casa, no escritório ou viajando. E tudo isso traz enormes implicações no equilíbrio de sua vida profissional, privacidade e estresse.

Além disso, o trabalho remoto reduz a vida social, um fator que pode realmente piorar o seu desempenho. Para combater essa tendência, as empresas precisam alocar recursos que permitam reuniões e eventos que reforcem a socialização. Somente onde há vida social intensa a tecnologia pode reforçá-la e nutri-la.

17

Lidando com um chefe que desperdiça seu tempo

Eu saio dando pontapés para todos os lados e, se você não gostar, sabe muito bem o que fazer.

Hyan T. Guvnor (chefe bem conhecido da velha escola)

A simples menção à palavra "chefe" provoca fortes emoções em você? Seu chefe é o tipo de chefe que citamos acima?

Muito do que foi escrito sobre a administração do tempo é baseado na premissa de que você tem o controle do tempo. Para muita gente, esse não é o caso. Quando você é subordinado diretamente a alguém, não pode, por definição, ditar as regras, exceto em coisas de menor importância, que se referem exclusivamente a você e àqueles que lhe são subordinados.

Assim, não há regras simples e infalíveis para lidar com um chefe que persiste em desperdiçar o seu tempo e, possivelmente, o dele também. Qualquer melhoria nesta situação só pode surgir como resultado do crescente conhecimento dele com relação a este problema, além de um programa a longo prazo de "educação do chefe". Se você não está preparado para se engajar nisso, restariam, aparentemente, apenas três alternativas:

- tentar negociar falando seriamente com o seu chefe, mostrando como os hábitos dele levam você a ser menos eficiente;
- resignar-se ou pedir transferência;
- aprender a conviver com esta situação insatisfatória – e, se possível, também com as úlceras e os sintomas de estresse que isso trará a você.

Mas não desanime, já que, com paciência e determinação, é possível não apenas aprender a administrar o atual comportamento do seu chefe, mas também ajudá-lo a decidir se é do interesse de ambos que ele mantenha esta conduta em relação a você. Este capítulo oferece algumas formas de lidar de maneira prática com esta situação.

Atitudes em relação ao chefe

Em muitas organizações o relacionamento chefe-assistente deixa muito a desejar e pode provocar consequências graves em relação ao desperdício de tempo e à ineficácia em geral.

Em um extremo, o chefe pode ser visto como um inimigo da companhia, que está permanentemente errado e é o culpado por todos os males e erros que ocorrem. Quando a situação é esta, os psicólogos costumam defini-la por contradependência, quando se torna natural se rebelar contra o chefe e outras figuras de autoridade, simplesmente para criar controvérsia.

No outro extremo, estão aqueles que veem os chefes como pessoas infalíveis e que, por medo ou admiração sem crítica, jamais se aventuram a discordar ou dar uma opinião adversa. Os psicólogos chamam isso de codependência. As consequências mais sérias que podem advir dessa situação são a proliferação em massa de pessoas extremamente submissas, conhecidas como "vaquinhas de presépio", graves falhas no desenvolvimento pessoal e uma empresa moribunda, em que o trabalho é paralisado quando qualquer decisão de menor importância precisa ser tomada e o chefe não está presente.

Entre estes dois extremos assustadores, há muitos meio-termos que podem ser úteis, e nossa intenção é ajudá-lo a usar suas habilidades para explorar e gerenciar suas atitudes em relação ao seu chefe. Habilidades essas que seriam naturalmente aplicadas por você, em outras situações e com outras pessoas, se não houvesse uma lacuna entre vocês, provocada pela autoridade.

De quem é a culpa?

Se você trabalha há muito tempo para o mesmo chefe, lembre-se sempre de que você, involuntariamente, pode tê-lo "treinado" para desperdiçar o seu tempo. Por exemplo, deve ter havido ocasiões em que você tornou-se excessivamente disponível, ou tomado para si tarefas que na verdade eram de responsabilidade dele, ou de outros colegas. Ou você pode ter cometido o engano de delegar algumas tarefas para os seus subordinados, na crença errônea de que era isso o que seu chefe queria. Essas ocasiões podem ter configurado uma situação na qual a percepção do seu chefe "presumiu" que você tem uma infinita necessidade de trabalho. E causou também a desvalorização do seu tempo. Normalmente, isso pode ser corrigido por meio de uma abertura maior com seu chefe, em que ele seja informado a respeito de sua carga real de trabalho, ou pedir a ele para decidir quais são as reais prioridades dele, para cada uma das inúmeras tarefas que você tem em mãos.

Você pode ter confundido respeito com deferência, principalmente se o seu chefe é muito enérgico.

E mais, as pessoas não têm respeito pelos que estão sempre reclamando. Você não pode ficar na defensiva. Desafios construtivos podem criar relações de trabalho melhores.

Ao tentar essa estratégia, não resuma o que você tem a dizer pelo receio de não ser ouvido, e lembre-se da importância da comunicação verbal. A apresentação pode ser mais importante do que o conteúdo.

Acreditar nem sempre é ver

Muitas vezes, o comportamento do seu chefe pode levá-lo a acreditar que ele está desperdiçando o seu tempo. Ao fazer tal julgamento, porém, reconheça que você não tem todas as informações que podem ter levado seu chefe a tal conduta. Por exemplo, ele pode saber melhor do que você quais são as expectativas da empresa em relação a ambos. Nem todos os executivos são muito expansivos no que se refere a planos e prioridades. Além disso, essas exigências podem mudar de repente. Por isso, sempre é mais vantajoso, como ponto de partida, tentar compreender os objetivos empresariais e pessoais do seu chefe. Você pode conseguir isso observando como ele se comporta com seus superiores.

Da mesma forma, é essencial conhecer o estilo de trabalho do seu chefe. Por exemplo, como ele prefere receber as informações de outras fontes? De acordo com a classificação de Peter Drucker, seu chefe é um "ouvinte", ou um "leitor"? Se ele é um ouvinte, informe-o pessoalmente sempre que houver necessidade; se ele é um leitor, mande sempre um e-mail.

Ajudando o trabalho a fluir

Todas as vezes que um compromisso de trabalho estiver sendo considerado por vocês dois, procure obter respostas dele, com base em: O quê? Quando? Onde? Como? Por quê?, antes de aceitá-lo. Isso evitará posteriores interrupções. Da mesma forma, quando preparar um relatório com os resultados, tente antecipar as perguntas, com o mesmo embasamento e na ordem provável que ele irá fazê-las. Esteja sempre munido de argumentos que podem esclarecer e melhorar a compreensão do que você está apresentando.

Quando seu chefe parecer vacilante, é importante não desgastar o relacionamento de vocês, pressionando-o para tomar uma decisão rápida. É melhor perguntar: "Quando posso ligar para saber sua resposta?", do que se arriscar a aborrecê-lo para conseguir uma resposta imediata.

Respondendo ao chefe com eficiência

Jamais subestime o valor de uma resposta eficiente, quando tentar melhorar um relacionamento, principalmente se você estiver falando com o seu chefe. Na prática, muitos assistentes reclamam de seus chefes, mas não tentam melhorar a situação primeiro, oferecendo respostas. O assistente poderá dizer, por exemplo, que o chefe nunca ouve. Quando este for o caso, uma boa forma de tentar resolvê-lo é oferecer algumas respostas genuínas, como os procedimentos que seguem:

- selecione cuidadosamente o momento em que dividirá suas impressões com seu chefe, evitando ocasiões em que ele esteja visivelmente "na correria";
- faça sua explanação sucintamente, indicando como essa informação pode beneficiar a ambos;
- tente obter uma reação de seu chefe, interpondo observações como: "O que você acha disso?";
- se seu chefe manifestar desejo de pensar a respeito do assunto antes de determinar uma ação, tente acordar uma data para uma reunião e ofereça-se para mandar um e-mail para confirmar;
- se seu chefe o interrompe demais, encontre um momento conveniente (talvez depois de ler este livro!) para explicar que você está tentando administrar melhor o seu tempo,

tanto no interesse de vocês dois quanto no interesse da empresa e, talvez, você consiga determinar um tempo para "despachar" com ele, e assim minimizar as interrupções ao seu trabalho e ao trabalho de todo o departamento;
- aprenda a administrar as expectativas do seu chefe. Uma boa forma de fazer isso é sempre minimizá-las.

Se um prazo estiver para ser perdido, seu chefe pode tornar-se aborrecido. Mas se ele souber que o prazo será estourado em cinco dias, e você poderá reduzi-lo para dois e *fizer isso*, ele poderá realmente ficar satisfeito com você.

Administrando seu relacionamento com o chefe

As formas para conseguir isso incluem:

- transferência de informações, como contar a seu chefe como você está se sentindo em relação ao um determinado assunto, ou contar-lhe o que você já sabe sobre o assunto;
- focar em uma ou duas áreas relevantes de comportamento com as quais você pretende influenciar seu chefe, por exemplo: "escutar × interromper";
- assumir a liderança, fazendo perguntas e explorando ideias juntamente com o chefe;
- identificar uma fraqueza que seu chefe possa ter, e tentar compensar isso;
- comportamento-modelo: oferecendo um bom exemplo de como você gerencia seu próprio tempo, seu trabalho e seus subordinados;
- apelar para uma autoridade externa, isto é, um contato mútuo, que tenha boas relações com vocês dois e que possa "plantar" uma palavra adequada no momento oportuno nos ouvidos do seu chefe.

Os professores John Gabarro e John Kotter oferecem alguns conselhos gerais nesta área:

- envide todos os esforços para compreender o trabalho, o estilo pessoal e o contexto do seu chefe, incluindo:
  - metas e objetivos;
  - pressões relacionadas ao trabalho;
  - forças, fraquezas e "cegueiras";
  - estilo de trabalho preferido.
- avalie-se e avalie suas necessidades, incluindo:
  - forças e fraquezas;
  - predisposição em relação à autoridade e dependências;
  - estilo de trabalho;
  - preferência em relação ao estilo com o qual seu chefe trabalha com você.
- tente desenvolver e manter um relacionamento que:
  - se ajuste às suas necessidades e às do seu chefe;
  - seja baseado na confiança e na honestidade;
  - seja caracterizado por expectativas mútuas;
  - mantenha o chefe sempre informado;
  - faça o melhor uso do tempo e dos recursos de seu chefe.

Delegação ascendente

Outra estratégia é recorrer à delegação ascendente. Donald Wass e William Oncken ilustram, ordenadamente, algumas formas como alguns trabalhos inacabados podem ser atribuídos ao chefe:

> Vamos imaginar que um gerente esteja andando pelo salão quando nota um dos seus subordinados, A, entrando. Quando se aproximam, A saúda o gerente da seguinte maneira: "Bom dia. A propósito, temos um problema. Você vê...." Enquanto A continua, o gerente reconhece, neste problema, as mesmas duas características dos problemas que seus subordinados trazem à sua atenção, gratuitamente: o gerente sabe o suficiente para sentir-se envolvido, mas não o suficiente para tomar a decisão imediata que esperam dele. Afinal, o gerente diz: "Estou

contente por você ter me informado sobre isso. Estou com muita pressa no momento. Deixe-me pensar um pouco sobre isso, e depois lhe informarei". Cada um tomou seu rumo.

Antes que ambos se encontrassem, de quem era o problema? Era de A, naturalmente. Depois que eles se separaram, era de quem? Do gerente, claro. A imposição iniciou-se no momento em que saiu da responsabilidade de A e pulou para as costas do gerente. E o problema não acaba até ser levado ao seu legítimo proprietário e até que este o resolva.

É do seu interesse

Não é necessário gostar, nem mesmo admirar a pessoa para a qual você trabalha. Mas é inegável que isso ajuda. A coisa mais importante é administrar o relacionamento de vocês. Se você não consegue fazer isso em conjunto com seu chefe, vale a pena fazê-lo unilateralmente, apesar da lacuna provocada pela autoridade. Seu chefe é a pessoa que possui os principais recursos para que você consiga realizar as próprias metas e progredir. Com certeza a melhor receita para um futuro profissional de sucesso é trabalhar com um chefe que também tem metas. Você só tem frustrações e fracassos no horizonte se trabalha para uma pessoa incompetente e não faz absolutamente nada em relação a isso. É muito melhor ajudar e educar uma pessoa do que perder tempo criticando-a ou minando-a pelas costas. Especialmente se é nas mãos dela que estão as melhores cartas.

Comentário final

Uma experiência salutar seria perguntar a outras pessoas: "O que é que eu faço que toma o seu tempo, e não contribui para sua eficiência?"

18

Delegação eficiente

Aqui jaz John, que no ano passado disse: "Não posso delegar, minha querida".
O médico diagnosticou tarde demais "trombose aguda por não delegação".
Pobre John, tinha uma equipe de nove, mas não delegou uma linha sequer;
Preferia levar uma maleta cheia de trabalho para casa; sua viúva agora luta contra a solidão.

Anônimo

A delegação é uma das maneiras mais eficientes para conseguir tempo. Ela consiste em dar uma tarefa para outra pessoa fazer em seu lugar. Você dá à pessoa a responsabilidade de levar o trabalho a cabo, bem como a autoridade proporcional. Você não pode delegar a prestação de contas, se continua oficialmente responsável, perante o seu chefe, por trabalhos realizados por seus subordinados. Esse assunto é retratado na Figura 18.1.

As vantagens da delegação

Há muitas vantagens na delegação, tanto para o gerente quanto para seus subordinados. Primeiro, a delegação efetiva do gerente resulta em maior produtividade, já que ele fica com mais tempo livre. Segundo, o gerente ganha mais respeito de seus subordinados. Terceiro, o fluxo do trabalho torna-se mais rápido com a redução ou eliminação de gargalos, como a aprovação ou assinatura de decisões rotineiras. Quarto, os empregados se desenvolvem, o que facilita substituições quando elas se tornam necessárias. Na verdade, parte do trabalho dos gerentes consiste em treinar e desenvolver seus subordinados diretos. E quinto, quanto mais bem treinados forem os substitutos, mais aumentam as suas chances de promoção.

Para o empregado, as vantagens são múltiplas. A produtividade aumenta na proporção que aumenta a motivação. Inúmeras pesquisas mostram que os empregados buscam responsabilidade, desafio, variedade, crescimento profissional, experiência e autoridade em seus trabalhos. A delegação oferece esses fatores, bem como a subsequente motivação.

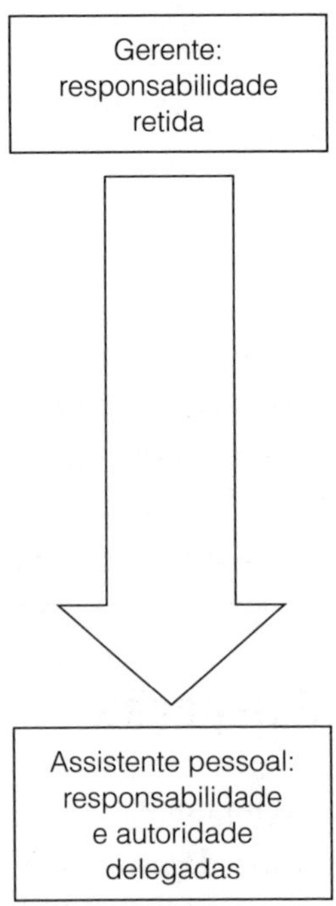

Figura 18.1 Delegação de responsabilidade e autoridade

Muito embora a delegação possa economizar muito tempo, no início pode provocar ambiguidade pois, até que tenha treinado a pessoa a quem deseja delegar, você não pode de fato fazer isso. Mas o treinamento requer tempo e, como a maioria das situações da vida, exige um investimento inicial de... tempo.

Tipos de delegação

Quando pensamos em delegação, normalmente pensamos em delegação descendente. Este é o tipo de delegação mais tradicional, em que você delega trabalhos a pessoas que lhe estão diretamente subordinadas. Um dos princípios organizacionais básicos é que você delega o mínimo possível e de acordo com as habilidades das pessoas a quem está delegando. Mas existe também a delegação horizontal, que é a delegação a uma pessoa que esteja no mesmo nível de hierarquia organizacional que você. Pode ser a delegação a um membro da equipe, o que é conhecido como delegação consensual. Também pode ocorrer a delegação a uma pessoa de outro departamento, que deseja envolver-se em outras atividades com o propósito de desenvolver-se profissionalmente.

O terceiro tipo é normalmente chamado de delegação ascendente. Conforme vimos no Capítulo 17, podemos chamar a estratégia adotada pelo subordinado de "síndrome de se livrar do abacaxi". O subordinado devolve ao gerente alguma coisa que ele deveria estar fazendo, ou um trabalho que permanece incompleto. O subordinado poderia dizer "estou trabalhando nisso há mais de duas horas e não cheguei a lugar nenhum. Sei que você poderia fazer isso em poucos minutos e, se eu deixar aqui com você, vou poder tocar todo o resto do trabalho que estou fazendo.

Se permitir que isso aconteça, você sofrerá as consequências. E elas são duplicadas. Primeiro, você deu reforço a um tipo de comportamento que deveria desencorajar, isto é, delegação ascendente ou inversão de delegação; e, segundo, você está perdendo o seu tempo.

Existem duas regras de ouro para evitar a delegação ascendente imprópria:

1. Só aceite trabalhos inacabados de seus subordinados diretos em circunstâncias excepcionais; todos os problemas deverão ser discutidos e uma sugestão de solução deverá acompanhar o trabalho em questão. Você pode orientar, aconselhar e encorajar, mas também deve deixar bem claro que a responsabilidade delegada permanece com a pessoa que a aceitou.
2. Limite seu próprio envolvimento. Caso não o faça, estará encorajando seus funcionários a trazer mais problemas para você.

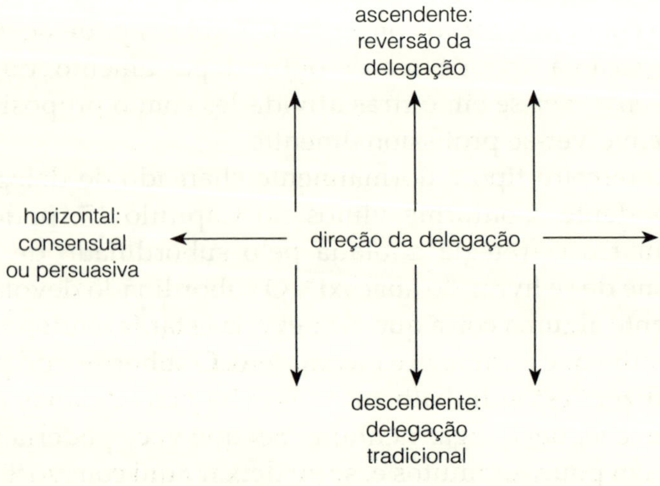

Figura 18.2 Tipos de delegação

Por que os gerentes não delegam?

Para que a delegação aconteça, são necessárias três coisas:

- alguma coisa que possa ser delegada;
- alguém a quem delegar;
- a vontade de delegar.

O resto é com você. Sabemos, no entanto, que a maioria dos gerentes não delega tanto quanto poderia. Vamos ver algumas das razões.

Muitos gerentes não delegam porque sentem que a tarefa não seria feita da mesma forma que eles próprios a fariam. Outros não o fazem porque acham que a tarefa não seria feita como eles gostariam. Ambos os pontos de vista podem estar corretos. Apesar disso, a pergunta que eles deveriam fazer seria: "As coisas serão feitas de maneira aceitável para a empresa?". Se a resposta for sim, o trabalho deveria ser delegado.

Em um alinhamento muito próximo a isso está o problema da perfeição. Quando Peters e Waterman escreveram seu *best-seller*, eles chamaram-no *In search of excellence* ("em busca da excelência"), e não *In search of perfection* ("em busca da perfeição"). A excelência deveria ser uma meta em todas as organizações. A procura pela perfeição é tempo perdido, induz à frustração e ao estresse. Alguma vez você conheceu um perfeccionista feliz?

Alguns gerentes simplesmente não têm o conhecimento. Delegação é uma habilidade gerencial que pode ser aprendida. Sem esta habilidade, não é possível delegar com eficiência. Se um gerente não possui a habilidade requerida para fazer um trabalho, ele vai evitá-lo. É da natureza humana evitar fazer qualquer coisa que mostre sua incapacidade. Outros exemplos deste tipo de tarefa são a avaliação de desempenho e a manutenção da disciplina. As pessoas que não têm o treinamento necessário evitam fazê-los.

Alguns gerentes ficam inibidos com a delegação, pelo medo que têm da reação dos empregados, temendo que estes pensem estar sendo explorados. Esses empregados são os mesmos que dizem "boa noite" a seus gerentes e saem do escritório às 17h em ponto, enquanto aqueles permanecem trabalhando até as 18 ou 20h. Este medo é particularmente agudo em gerentes recém-promovidos. Eles deveriam lembrar-se que a definição de gerenciamento é "atingir os objetivos por meio dos outros".

Outros gerentes não delegam porque acreditam que é mais fácil eles mesmos fazerem o trabalho do que delegá-lo. E isso pode ser verdade. No entanto, se o trabalho é de natureza recorrente, o investimento inicial de tempo para treinar alguém para fazê-lo renderá enormes benefícios, já que não precisará mais ser feito pelo gerente.

Um outro motivo para que os gerentes não deleguem é o seu desejo pessoal de aprovação e crédito pela execução de tarefas de alto nível. Isso é alienante e desfavorável para o crescimento dos seus subordinados diretos.

Há também alguns gerentes que preferem fazer um trabalho que poderia e deveria ser delegado. Se a tarefa poderia ser delegada e não o foi, denotará, com certeza, falha no gerenciamento. Quando trabalhava em Montreal, com assuntos de segurança, há alguns anos, um dos autores deste livro observou que uma viagem anual às Bermudas, no final do mês de março, era necessária para a renovação das políticas marítimas. Apesar de a viagem ter de ser feita por um dos gerentes desta área, quem a fazia sempre era o presidente da empresa. Qualquer um que conheça a diferença do clima de Montreal para o clima das Bermudas, vai perceber que ir para as Bermudas no final de março é uma possibilidade muito atraente. É uma transição maravilhosa da neve e do esqui para o sol e o surfe. Esse presidente também era adepto entusiasta do golfe. Eis aqui o exemplo de uma coisa que poderia e deveria ter sido delegada.

Por que a delegação não é mais frequente?

Um gerente que não delega na verdade não está gerenciando de forma eficiente. A seguir, estão algumas razões pelas quais os gerentes não delegam:

- falta de confiança na capacidade dos seus subordinados;
- a crença de que eles serão responsabilizados por seus superiores, caso decisões inadequadas sejam tomadas pelos subordinados;
- medo de que os subordinados os ultrapassem, ou de que eles estejam indo "para a frente" muito depressa;
- eles acreditam ser indispensáveis;
- medo de não receber o crédito pelas boas decisões tomadas sob sua responsabilidade;
- vontade de tornar o trabalho mais complicado do que realmente é;
- medo de perder o controle, a posição e a segurança no trabalho;
- falta de confiança na equipe;
- medo de assumir riscos;
- relutância em desistir de um trabalho agradável, ou que ele faça especialmente bem;
- falta de vontade ou inabilidade para direcionar os esforços dos outros ou envolvê-los;
- sentem-se mais à vontade gerenciando detalhes do que pessoas.

Quais os indicadores de uma delegação deficiente?

Em muitos casos existe uma inércia subjacente que inibe a delegação. Muitas pessoas acham mais fácil manter tudo sob seu controle pessoal do que deixar alguma coisa fora de suas vistas.

Um esforço consciente e deliberado é requerido para se tomar esta atitude, e aqueles que fracassam nesta empreitada frequentemente emitem sinais de aviso, facilmente identificáveis:

- grande número de interrupções durante a jornada de trabalho;
- o chefe fazer mais horas extras do que os seus subordinados;
- levar para casa uma maleta pesadíssima, cheia de trabalho, todas as noites;
- ter a gaveta de pendências permanentemente lotada;
- ter acúmulo de e-mails;
- ter a escrivaninha sempre coberta de papéis;
- sempre correr para manter os prazos e aparentar estar sob constante pressão ou estresse;
- sem tempo suficiente para discutir os assuntos com os colegas e com a equipe;
- seus subordinados sempre têm de obter sua aprovação antes de tomar qualquer atitude ou decisão.

A resposta para a frase: "Mas não há ninguém a quem eu possa delegar" seria: "Então é melhor você se apressar e treinar alguém, caso contrário, quem sofrerá as consequências será você".

Para obter uma indicação do quanto você é eficiente para delegar atualmente, tente responder ao questionário da Figura 18.3.

Depois de completá-lo, estude o perfil de delegação que emerge. Se suas respostas forem honestas, você descobrirá, quase que inevitavelmente, que deveria delegar mais e melhor do que está fazendo no presente.

Como delegar

O processo pelo qual o trabalho é delegado é uma interface crítica entre o gerente e seu subordinado direto. A delegação inadequada de um trabalho pode ocasionar:

- esforços mal direcionados;
- confusão em relação às prioridades;
- perda de tempo;
- perda de dinheiro;
- perda de energia;
- perda de recursos;
- conflitos;
- estresse.

	Nunca	*Às vezes*	*Sempre*
Você leva trabalho para casa: – à noite? – nos finais de semana?			
Você trabalha mais horas que: – seu chefe? – seus colegas? – seus subordinados?			
Você fica muito sobrecarregado de trabalho quando precisa ficar fora: – por um dia? – por uma semana? – por um mês?			
Você enfrenta muita pressão para cumprir prazos?			
Você só delega quando há muitas tarefas urgentes?			
Você delega os trabalhos que gosta de fazer?			
Você desenvolve sua equipe: – treinando-a? – orientando-a?			
Quando delega, você: – passa tarefas completas aos seus subordinados? – dá-lhes completa autoridade? – define a tarefa com clareza, mas sem rigidez?			
Você supervisiona seus subordinados depois de delegar tarefas a eles?			

Figura 18.3 Análise da capacidade de delegação

As fases envolvidas na delegação eficiente são:

1. Determine o que vai delegar. O primeiro passo para isso é verificar cautelosamente a descrição do trabalho. Você perceberá que há certas tarefas que não poderão ser delegadas, como contratações, demissões, avaliações de desempenho, disciplina, aconselhamento, planejamento do trabalho de seus subordinados diretos, elaboração do orçamento do seu departamento, tomada de decisões em relação a salários, apresentação de promoções, lidar com certos assuntos altamente sensíveis, pessoais, confidenciais, políticos ou de segurança. Atividades rotineiras e administrativas, como arquivamento, escrita comercial, organização, seleção de tópicos, manutenção de registros, preenchimento de formulários, envio de fax, elaboração de relatórios de rotina e pesquisas, podem ser delegados. Muitas ligações e e-mails também podem ser delegados. Quando delega um trabalho inteiro, em vez de peças isoladas, você constrói um senso de comprometimento e consegue melhores resultados.

   Os seguintes fatores devem ser levados em consideração ao decidir o que delegar:

   - decisões que você toma mais frequentemente;
   - conhecimentos que fazem de você uma pessoa superespecializada;
   - áreas nas quais os seus subordinados precisam de desenvolvimento;
   - coisas que adicionarão desafio e variedade ao trabalho dos seus subordinados;
   - áreas nas quais sua equipe está mais bem qualificada do que você;
   - responsabilidades assumidas em seu emprego anterior;
   - tarefas não relacionadas diretamente com a obtenção de suas metas.

Mais e mais gerentes estão sendo solicitados a fazer apresentações sofisticadas. Recentemente, um dos autores visitou uma empresa integrante da *Fortune 500* e foi informado de que todos os gerentes faziam a digitação de seus próprios textos, bem como suas apresentações no PowerPoint. Tal preparo exige muitas horas dos gerentes. Este trabalho consumiria uma fração desse tempo, se feito por um assistente competente. Espera-se que os gerentes *gerenciem* e não que usem seu tempo com serviços de apoio.

2. Determine o resultado final. Antes de delegar um trabalho a um subordinado direto ou a um membro da sua equipe, o gerente precisa ter muito claro em sua mente o que ele quer que seja feito, para quando precisa do trabalho pronto e o quanto de esforço ele espera que a pessoa envolvida despenda.

3. Determine para quem a tarefa será delegada. Isto, naturalmente, será decidido pela competência e habilidade da pessoa para quem o trabalho está sendo delegado. A delegação também pode ser usada como técnica de desenvolvimento. Aqui, você poderia se perguntar: "Quem poderia se beneficiar com a execução desta tarefa?".

4. Descreva o resultado final requerido. Descreva exatamente o que precisa ser feito, isto é, um relatório verbal, um e-mail, um memorando, uma recomendação escrita, uma apresentação no PowerPoint, uma visita ao cliente etc. É importante enfatizar os resultados, não os métodos.

5. Explique por que e onde. Explique por que a tarefa tem de ser feita em primeiro lugar, e onde ela se enquadra no esquema geral das coisas. Em outras palavras, explique o contexto do trabalho e enfatize a contribuição individual que a pessoa estará acrescentando à empresa, ao levar a cabo a tarefa que lhe está sendo confiada.

6. Determine exatamente o horário em que a tarefa deverá estar pronta: "às 3h da tarde, sexta-feira, dia 1º de dezembro". Evite termos como "o mais rápido possível", "o mais rápido que você conseguir", "quando você terminar o que está fazendo", ou "quando você puder". Esta terminologia é imprecisa e normalmente gera crises.
7. Explique o nível de esforço que será necessário aplicar à tarefa. Por exemplo, se a pessoa a quem o serviço estiver sendo transferido passará para o resto da equipe todos os demais serviços com os quais está envolvida e se concentrar unicamente neste assunto, ou se a tarefa deverá ser executada junto com o trabalho normal, ou seja, identifique as prioridades.
8. Obtenha da pessoa as opiniões dela. Encoraje-a a fazer sugestões e/ou recomendações, a fazer perguntas e a discutir o uso dos recursos apropriados. Lembre-se de que a delegação é uma forma de desenvolvimento. Permita que a pessoa use o próprio discernimento e a própria iniciativa.
9. Como resultado de suas orientações, chegue a um acordo em relação aos recursos necessários para executar a tarefa. Seja específico em relação à autoridade. Assegure-se também se isto é suficiente.
10. Verifique se a pessoa compreendeu a tarefa. Faça perguntas objetivas e que não possam ser respondidas com "sim" ou "não". Evite que a pessoa simplesmente repita o esboço do que lhe foi transmitido, mas não é necessário ir ao extremo oposto, ou seja, a pessoa ter de repetir tudo palavra por palavra. É preciso ter tato para perguntar se a pessoa compreendeu o que lhe está sendo pedido. Ela pode ficar na defensiva. Você pode simplesmente dizer "quero ter certeza que de que me expliquei bem. Você se importa em repetir com suas palavras, para que possamos verificar se está tudo realmente compreendido?"

    Tarefas complicadas podem ser acompanhadas de uma confirmação escrita dos detalhes, para servir como orientação ao seu subordinado, e também para que ele possa avaliar o próprio desempenho ao finalizar o trabalho. Se as orientações precedentes foram seguidas, isto não deverá apresentar qualquer problema.

11. Estabeleça um critério para avaliar o progresso do trabalho. Em tarefas complicadas a determinação de datas para revisão pode ajudar o gerente a monitorar o progresso e oferecer a seu subordinado uma oportunidade para fazer perguntas posteriores, se isso se tornou necessário. Este é o mecanismo de controle. Se alguma coisa não estiver dentro da meta, este é o momento para que a correção seja feita. Esta técnica de monitoramento ajuda a prevenir crises subsequentes.
12. Quando o prazo para a entrega do trabalho chegar, pergunte pelos resultados. Se você não fizer isso, a pessoa poderá concluir que foi apenas mais um trabalho, e se sentirá desmotivada.
13. Faça uma avaliação total da atividade (métodos usados, recursos, prazos etc.) e discuta os resultados obtidos com seu subordinado. Evite se concentrar nos pontos negativos. Certifique-se de que o reconhecimento seja adequado ao esforço. Reforços positivos por um trabalho bem feito podem ter um impacto poderoso.

Ao seguir estes passos na delegação de um trabalho, haverá a certeza de que ambos, gerente e subordinado, saberão o que vai acontecer e quando. Para tarefas de natureza recorrente, nem todos os passos supracitados poderão ser necessários, a menos que o gerente tenha dúvidas sobre a habilidade do subordinado ou não o conheça muito bem.

Quando o gerente receber tarefas de seu próprio superior, deve seguir estes processos, onde aplicável, identificando os elementos que estão faltando e propondo as ações apropriadas.

E se o subordinado direto ou o membro da equipe recusar a tarefa?

Um dos maiores fatores para o sucesso de qualquer delegação reside na qualidade do processo de aceitação da oferta entre o gerente e seu subordinado ou membro de sua equipe. Por sua vez, isto depende do nível de confiança existente entre os dois. Sempre existe a possibilidade de uma recusa, em decorrência de:

- medo de críticas adversas, caso cometa um erro;
- falta de motivação e a impossibilidade de reconhecer qualquer benefício que possa advir disso, tanto no presente quanto no futuro;
- sentimento de que os benefícios oferecidos não compensam o risco ou as consequências, caso cometa algum erro;
- falta de confiança na própria capacidade, ou o fato de a pessoa ser defensiva por natureza;
- confundir os motivos do gerente;
- estar habituado a ser "guiado" e a trabalhar sob supervisão cerrada;
- ficar com a sensação de que "ou nada ou se afoga";
- receber apenas "pedaços" do trabalho para gerenciar e não a tarefa toda.

Quando houver uma resposta negativa por parte de um membro de sua própria equipe, fica ao gerente a responsabilidade de criar um mecanismo que encoraje as delegações, bem como seus possíveis riscos, e não apenas as recompensas. Quando uma delegação acontece pela primeira vez, é importante que ambas as partes envolvidas escrevam suas expectativas e interpretações do que está sendo requerido, e comparem as anotações antes que o trabalho seja finalizado. Deverá ser feito um registro do que foi acordado entre as partes e cada uma delas ficará com uma cópia.

Se um dos seus subordinados ou um membro de sua equipe fracassar na atribuição que lhe foi confiada, pergunte-se:

- O que está faltando é confiança ou habilidade? Por quê? Eu selecionei a pessoa certa? Se não, por quê?
- O meu subordinado teve oportunidade de adquirir e demonstrar o conhecimento e as habilidades que este trabalho exige?
- Eu ofereci a parcela correta de suporte/supervisão?
- Oferecendo este trabalho, mostrei ao meu subordinado a oportunidade para seu autodesenvolvimento e meu interesse no progresso dele?

Delegação não é abdicação. É necessário acompanhar o progresso da tarefa, usando o mecanismo de controle gerencial. A palavra "controle" adquiriu uma conotação negativa nos últimos tempos. Por exemplo, se o controle adequado tivesse sido exercido na Enron e na Nortel, seus problemas jamais teriam acontecido. A fim de ajudar nesse controle, recomendamos o uso do gráfico da Figura 18.4. Ele pode ser usado com seus subordinados diretos. Presume-se que você tenha um arquivo (eletrônico, ou outro), para cada um dos seus funcionários. O mesmo método pode ser usados com todos os componentes da sua equipe.

No mundo atual, com mais postos de trabalho rotativos, pessoas trabalhando em casa, horários flexíveis, e coisas parecidas, a delegação eficiente assume um caráter de importância ainda maior.

Nome:		Cargo:		
Data	Descrição da tarefa	Data de revisão	Prazo de vencimento	Comentários

Figura 18.4 Gráfico de delegação

19

Reuniões eficientes

Se nós não tivéssemos tantas reuniões, conseguiríamos, realmente, trabalhar um pouco.

Gerente insatisfeito

Numerosos estudos têm mostrado que os gerentes gastam pelo menos 30% do tempo deles em reuniões. As reuniões são vistas como uma boa maneira de estimular debates e uma maneira eficiente e democrática para se comunicar com as pessoas. Alguns acreditam que uma reunião leva a melhores decisões. Mas, infelizmente, muitas reuniões são organizadas não para a tomada de decisões, e sim para evitá-las. A responsabilidade fica difusa e se alguma coisa não der certo, a culpa fica dividida.

As reuniões assumem uma ou duas formas: reuniões regulares e outras, que têm uma duração limitada. Com relação ao primeiro caso, elas podem ultrapassar a própria utilidade. Avaliações periódicas deveriam ser feitas para determinar se elas são necessárias. Na prática, muitas delas não têm um propósito útil ou claro e, se têm, frequentemente não são eficientes para atingi-lo.

Com as organizações, o maior problema pode ser com as regulares reuniões dos comitês interdepartamentais, particularmente os que detêm a autoridade. Os gerentes de departamento as veem como uma ameaça à liberdade, às prioridades e à alocação de recursos. Em decorrência, existe a tendência de o escalão mais alto participar delas, apenas para manter a própria posição, e, quanto ao comitê, a tendência é se tornar o foco de batalhas pelo poder. Na verdade, mais funcionários juniores deveriam estar lá, muito embora, quando delas participem, frequentemente receba instruções da "linha partidária", as quais eles devem seguir. Em consequência, as decisões podem não ser do melhor interesse da organização.

Quando um grupo tenta tomar decisões, a presença de alguns membros pode intimidar os outros. As palavras do presidente e dos altos executivos são muito valorizadas, e eles tendem a dominar as situações e ter suas ideias aceitas sem qualquer questionamento pelas "vaquinhas de presépio". O perigo, então, é que, quando a resistência não é aberta, ela assume a característica de desinteresse. Somado a tudo isso está o que os psicólogos chamam de "temor de avaliação", no qual aqueles pontos de vista impopulares, embora corretos, acabam sendo considerados geradores de conflito, ou que podem ser um movimento perigoso para a carreira.

Se você acha que gasta muito tempo com reuniões, você deveria mensurar o custo desse tempo. Complete o exercício da Tabela 19.1 para avaliar quanto as reuniões estão custando para sua organização.

Quando você tiver terminado a Tabela 19.1, some o total que você obteve em "F" com os totais de seus colegas, e compute a média do seu departamento.

Claro que há outros custos que não aparecem na tabela. O principal é o custo da oportunidade. Em outros palavras, as pessoas que estão participando das reuniões, não estão se dedicando a outras tarefas. Se um grupo do departamento de vendas está presente a uma reunião na qual os clientes não estão incluídos, eles não estão vendendo. Se as reuniões estiverem sendo realizadas fora do escritório, os preços sobem ainda mais: transporte, refeições, equipamentos, aluguel de salas, taxas etc.

Em razão do tempo consumido diariamente em reuniões e dos custos correlatos, é importante ter certeza de que elas são produtivas. A boa notícia: há técnicas para conseguir isso.

Finalidade da reunião

Antes de agendar uma reunião, é essencial saber o propósito dela. Isto deveria ser informado aos participantes. Quando as pessoas se reúnem com frequência, o motivo pode começar a alterar-se com o tempo, e as reuniões podem ter um tempo de vida próprio.

Mesmo quando o objetivo é claro e tenha sido comunicado aos participantes, ela pode não ser produtiva. É possível que as pessoas erradas estejam participando; ou, quando as pessoas certas participam, pode haver uma falha em desenvolver um equilíbrio entre o senso de solidariedade e o foco na tarefa que se tem em mãos.

Tabela 19.1 O custo das reuniões

1. Estime o número de reuniões nas quais você participou no último mês. Não inclua reuniões com clientes ou com o seu chefe. Inclua apenas as reuniões das quais três ou mais pessoas participaram.	A: número de reuniões
2. Estime em horas (ou frações de horas) a duração média das reuniões das quais participou.	B: duração média
3. Calcule o número de horas que você gastou em reuniões no último mês.	C: multiplique A por B
4. Calcule o número de horas gastas por todas as pessoas nas reuniões das quais participou. Multiplique C pela média das pessoas, em cada reunião.	D: horas gastas por todas as pessoas em reuniões
5. Calcule, mensalmente, o custo em salários das reuniões das quais participou. Multiplique D pelo custo médio horário (salários + benefícios) dos outros participantes.	E: custo mensal das reuniões efetuadas
6. Calcule o custo anual das reuniões. Multiplique E por 12.	F: custo anual das reuniões

Planejando uma reunião

O exercício que sugerimos aqui vai ajudá-lo a planejar e a organizar reuniões, com os seguintes benefícios:

- ele o ajuda a determinar o propósito da reunião;
- ele permite que você determine a melhor abordagem;
- ele possibilita que você priorize a agenda;
- ele lhe dá a oportunidade de fazer alterações de última hora antes do início da reunião;
- ele lhe dá um "caminho" a seguir, e ajuda-o a sintonizar os problemas do tempo;
- ele o ajuda a identificar possíveis problemas e/ou situações de conflito e a planejar ações para evitá-los;
- ele lhe dá a oportunidade de aferir o seu nível de sucesso depois da reunião.

O quadro a seguir resume pontos-chave que requerem atenção especial.

Características de uma reunião eficiente

1. Estrutura:
- objetivos claros;
- dimensionamento correto;
- planejamento eficiente;
- preparo eficiente.

2. Relações interpessoais:
- escuta ativa;
- construção de ideias;
- coordenação eficiente.

A coordenação eficiente é essencial. Pode incluir mediação, isto é, os participantes mais agressivos devem ser controlados e todos devem ter a oportunidade de expressar suas próprias opiniões. Também inclui a habilidade de esclarecer e resumir.

Preparando a lista de verificações

Os gerentes vivem em um torvelinho de reuniões mas, até mesmo nas boas empresas, muitas reuniões têm um andamento deficiente, porque ninguém ensinou às pessoas como gerenciá-las eficientemente. Os seguintes pontos poderão ser úteis:

- Agenda e suporte das reuniões:
  - Você determinou e documentou todos os itens que deseja discutir?
  - Você previu tempo suficiente para a discussão dos itens?
  - Você obteve, preparou e está familiarizado com as tabelas, estudos de casos, apresentações em CD ou DVD, se for o caso?
  - Você tem informações suficientes sobre os assuntos que serão discutidos? Dados corretos são essenciais. Falhas neste aspecto são as maiores causas de fracasso das reuniões. Os fatos poderão estar prontamente disponíveis, ou requerer algum tipo de pesquisa de antemão. Pense que outra pessoa poderá ter os fatos corretos em um dado momento, e isso seria desastroso.
  - Quando dados vitais estiverem faltando, a reunião pode desandar ou até mesmo se dispersar por falta de informações. Ou os participantes podem ficar debatendo infindavelmente ao redor do tema, sem chegar a uma conclusão. Pior de tudo, eles podem assumir um compromisso partindo da informação que lhes está sendo transmitida e tomar decisões com base em adivinhações.

  A Tabela 19.2 pode ajudar no planejamento da sequência das reuniões.
- Plano de reunião:
  - Você preparou uma abordagem lógica para a reunião?
  - Você analisou o grupo e tentou antecipar as prováveis respostas de cada participante e as reações do grupo?
  - Você procurou identificar experiências que possam servir ao grupo como base para a discussão?

– Você determinou maneiras de obter participação plena, de estimular opiniões e de manter o interesse; por exemplo, pedindo opiniões, usando perguntas diretas, propondo tarefas em grupo?
– O cronograma pessoal de cada participante permitirá que ele tenha tempo suficiente para cobrir adequadamente o assunto?
– A reunião deveria ser agendada agora ou mais tarde; os outros estão prontos para se reunir agora?

Tabela 19.2 Agenda de reunião

Motivo da reunião:
Início:
Encerramento:

Item	*Responsável*	*Tempo*	*Discussão* *Informação* *Decisão* *Ação*

- Notificações:
  – Todos os participantes foram adequadamente informados sobre o horário e local da reunião, o assunto, agenda, documentação de suporte e sugestões sobre quaisquer leituras preparatórias?
  – Quem deverá participar da reunião?

- Participantes:
  O problema de coordenar ou presidir reuniões com eficiência cresce propocionalmente ao seu tamanho. Uma proporção ideal, normalmente, é de 6 a 8 participantes. Muito poucos participantes podem resultar em uma falha de "faíscas" criativas, ao passo que mais de oito pode dificultar o envolvimento de todos. Outra razão que pode provocar falhas é convocar as pessoas erradas. Outro engano comum é convocar gente demais, inclusive os pesos mortos – aqueles que não estão diretamente envolvidos ou que desconhecem suficientemente o assunto para poder contribuir de maneira positiva. Além disso, as reuniões não devem ser usadas para tratar de assuntos que seriam mais bem resolvidos individualmente.

  Uma regra sobre as pessoas que devem participar de uma reunião é não ignorar ninguém que será necessário para operacionalizar o projeto. Se você "sentir" que uma determinada pessoa bloqueará o plano e você passar por cima dela, pode ter a mais absoluta certeza de que ela irá bloqueá-lo mesmo. Envolver as pessoas em um problema é uma boa técnica para solucioná-lo.

  Finalmente, considere se é necessário que todos os participantes devem permanecer até o final da reunião. Seu objetivo é ter o menor número possível de pessoas, para atingir os melhores resultados. Assim sendo, poderia ser:
  - alguém que disponha de todos os fatos;
  - alguém que precisará tomar decisões;
  - alguém que será encarregado do projeto;
  - alguém de um departamento que será envolvido posteriormente no projeto;
  - alguém que tenha sempre boas ideias;
  - alguém cujo suporte moral seja necessário ao projeto;
  - alguém que poderá se beneficiar da experiência de participar de uma reunião deste porte.

- Tempo:

  As reuniões tendem a se prolongar demais. Assim sendo:
  - planeje cuidadosamente se o tempo adequado foi alocado para cada fase das discussões;
  - antecipe a possibilidade de não conseguir resolver tudo o que você precisa no tempo de que dispõe. Se você sentir que há muito a ser tratado, será melhor agendar posteriormente outra reunião para dar sequência ao projeto, em vez de "despejar" tudo de uma vez;
  - uma hora é tempo suficiente para a maioria das reuniões. No entanto, a duração vai variar dependendo do material que você quer apresentar. Uma reunião que valha a pena também não deve durar menos do que meia hora. E apenas em casos extremos uma reunião pode durar mais do que duas horas;
  - seja pontual. Inicialmente, poderão surgir problemas em virtude de dificuldades culturais. Mas é preciso aprender a gerenciar esse assunto. Da mesma forma, se o término da reunião foi previsto para as 11h, tenha o cuidado de encerrá-la neste horário. Você não conseguirá prender a atenção dos participantes depois disso. Eles poderão estar presentes fisicamente, mas psicologicamente estarão ausentes.
- Arranjos físicos:
  - Ar-condicionado, ventilação, umidade e iluminação: estão ajustados corretamente?
  - Você verificou se os equipamentos necessários estão disponíveis? Cadeiras, mesas, suportes adequados, quadro branco, canetas, papel para anotações, *flip charts*, projetores, telas, microfones etc.?
  - O número de cadeiras está de acordo com o número de participantes?

  As pessoas dão importância à forma como a mobília está disposta. Se você enfileirar as cadeiras voltadas para a frente, vai passar a impressão de uma sala de aula, com o coordenador parecendo um professor. O resultado será que os participantes não vão falar muito, ou fazer muitas perguntas. Essa disposição também dificulta que as pessoas ouçam o que os outros participantes estão dizendo.

É melhor colocar as cadeiras em círculo, ou em forma de U, ou ainda dispostas ao redor de uma mesa de conferências. Isto fará com que as pessoas sintam-se em posição de igualdade, e os participantes irão se sentir mais à vontade para falar. Esse arranjo também facilita que as pessoas ouçam umas às outras, e consigam ver as expressões faciais – todos os fatores que fazem parte do processo de comunicação.

Quando um assunto estiver sendo discutido, poderá ser apropriado ir ao cerne da questão. O problema poderá, então, ser discutido diretamente pelos empregados, em vez de ouvi-lo em segunda mão.

- Observações de abertura:
  - Você já determinou os comentários de abertura? Eles deverão ser apropriados ao objetivo e poderão ser formais ou informais, breves e diretos.
  - Você esclareceu suficientemente as razões para a reunião? E os objetivos que supostamente deverão ser atingidos? Mantenha os participantes informados.
  - Há um problema a ser solucionado? Se for assim, você manteve o grupo informado sobre o real problema que precisa ser solucionado?
- Encerramento da reunião:
  - Sua pauta inclui um modelo de comentários de encerramento, um lembrete para resumir e rever o que foi discutido e as conclusões que foram atingidas?
  - Você se lembrou de reforçar as necessidades e as consequências da reunião no que diz respeito a cada um dos participantes?
  - Você planejou encerrar com uma nota de entusiasmo?
  - Você especificou quem vai fazer o quê?
  - Sorria e agradeça aos participantes.

> **Reuniões com café da manhã**
>
> A fim de conseguir realizar mais, um crescente número de executivos agenda reuniões no começo do dia, juntamente com o café da manhã. Durante um almoço, os assuntos mais sérios não começam antes que o prato principal seja servido. Conversas sociais predominam nos drinques e aperitivos. Mas no café da manhã, em razão da necessidade de dar início ao trabalho, as reuniões são mais curtas, e a "conversa fiada" é evitada. Além disso, o custo é apenas uma fração do almoço ou do jantar. Acima de tudo, prevalece um senso de urgência de atingir o propósito da reunião.

Otimizando a liderança em reuniões

É importante que o gerente compreenda como otimizar o próprio trabalho com reuniões. Algumas técnicas são:

- ajudar para que a reunião tenha propósitos claros. No início de qualquer reunião é importante que se estabeleça uma clara compreensão dos objetivos que se deseja alcançar;
- ajudar para que a reunião seja por si própria um determinante dos processos. Se ela foi planejada para otimizar a eficiência operacional, os procedimentos durante seu andamento já deverão ter sido implantados. Assim, os participantes aprenderão a assumir responsabilidades para com a operacionalização e perceberão que, melhorando os próprios processos, eles podem aumentar a própria habilidade de solucionar problemas;
- ajudar para que a reunião torne-se uma forma para que os talentos, as habilidades e os recursos das pessoas presentes tornem-se aparentes. Alguns dos membros mais "quietos" da equipe poderão tornar-se fonte de ajuda nos assuntos em discussão;
- desenvolver métodos de avaliação de grupos, para que as reuniões tenham sua metodologia otimizada. Essas avaliações

ajudam o coordenador e os demais membros a tornarem-se cientes de como os outros pensam ou sentem-se;

- ajudar no sentido de que as reuniões possam ensinar os participantes a aceitar novas ideias e novos membros sem conflitos, ensiná-los a aceitar a disciplina requerida pelas metas de grande porte e a obter lucros das falhas. Com frequência podemos obter vantagens de reuniões ruins, por exemplo, transformando a frustração em motivação, em vez de deixá-la tornar-se um símbolo de derrota;
- ajudar a criar novos trabalhos ou subgrupos, conforme sejam necessários, e a ensinar como encerrar as reuniões quando for a hora certa.

O papel do coordenador/presidente

O coordenador, ou o presidente, desempenha um papel-chave em uma reunião. Suas principais tarefas são:

- estimular interesse no assunto;
- manter o grupo intacto e trabalhando em equipe;
- manter a reunião dentro dos objetivos e fora de assuntos que não lhe sejam relacionados, ou que não constem da agenda.

  Quando a reunião é convocada para a resolução de um problema, assuntos fora da agenda, mas de interesse dos participantes, tendem a ser abordados, podendo criar uma diversificação indesejável. A melhor forma de trazer os participantes de volta aos reais objetivos da reunião é fazer algumas das seguintes perguntas, ou variações em torno delas:
  - Qual será o efeito da proposta na organização como um todo? Neste ano, no próximo e nos próximos cinco anos?
  - Quem terá o maior lucro com esta proposta? Como podemos ter certeza de que o benefício será positivo para todos? Ela trará algum prejuízo a alguém? Para quem?

- Quem sofrerá os danos decorrentes da ação ou interação proposta? Como as perdas poderão ser minimizadas? O sacrifício realmente vale a pena? Se a resposta for positiva, como os perdedores poderão ser recompensados?
- Como as consequências serão vistas pelo primeiro escalão da empresa, pelos clientes e pelo público?
- Ficaremos orgulhosos de nossa ação ou interação depois que o "calor" da decisão baixar? Poderemos conviver com nossas consciências? Ficaremos à vontade para explicar nossa decisão para nossas famílias, subordinados, colegas e para outras equipes?
- Estamos negociando um plano de curto prazo por um de longo prazo? Estamos comprometendo valores de maior importância na nossa escala de valores por outros de menor relevância?

■ ter certeza de que os participantes sintam-se à vontade para expressar suas opiniões;
■ separar os pensamentos das pessoas de suas personalidades. É difícil aceitar uma boa ideia vinda de uma pessoa que você não gosta;
■ evitar monopolizar as reuniões;
■ evitar que uma outra pessoa monopolize a reunião;
■ assegurar-se de que as ações desejadas sejam implantadas;
■ focar-se em conseguir acordo geral para uma ação ou consenso, em vez de aceitar o voto da maioria;
■ providenciar que a ata da reunião seja feita imediatamente;
■ começar e terminar dentro do prazo.

Tempo

O coordenador ou a pessoa que presidiu a reunião deve, na sequência, verificar se os objetivos foram todos apresentados dentro do tempo aprazado. Foram totalmente analisados, não foram, ou foram-no apenas parcialmente?

Se os objetivos não foram atingidos, por que não? O que o gerente deveria ter feito diferente, em relação a:

- objetivos;
- seleção dos participantes;
- preparo e distribuição da pauta;
- tempo;
- local;
- planejamento;
- preparo do coordenador;
- introdução;
- nível de participação do coordenador;
- participação dos membros;
- resumo;
- acompanhamento (*follow-up*)?

Ata da reunião

O coordenador não deverá fazer a ata. Se possível, um dos participantes deverá ser selecionado para esta tarefa. O coordenador já estará suficientemente ocupado com as discussões para ainda ter de tomar notas.

As seguintes informações são sugeridas para a elaboração de uma ata:

- departamento, seção, equipe, grupo;
- data;
- local;
- nome dos participantes;
- ausentes com justificativa;
- ausentes sem justificativa;
- coordenador;
- lista de distribuição da ata;
- horário do início e do encerramento da reunião;
- assinatura da pessoa que elaborou a ata.

As atas, mesmo que resumidas, deverão ser elaboradas em cada reunião. Ela servirá como um registro dos itens discutidos. Elas não precisam ser muito elaboradas. Mas devem ser acuradas, completas e breves, contendo:

- se a ata da reunião foi lida e aprovada;
- se todos os itens foram discutidos;
- acordos efetuados;
- ações deliberadas, os responsáveis por levá-las a efeito e quando;
- itens que ficaram em aberto e sua atual situação;
- moções, por quem foram apresentadas e por quem foram aprovadas.

As atas deverão ser distribuídas o mais rapidamente possível a todos os participantes e a outras pessoas relevantes.

Ao elaborar uma ata, alguns princípios-chave deverão ser aplicados:

- não registre os mínimos detalhes e todas as considerações. A frase "discussão posterior" é bastante abrangente;
- registre quem apresentou uma sugestão, se esta for aceita;
- evite expressar opiniões pessoais ou interpretações do tipo "grande ideia", "argumento persuasivo", "relatório brilhante", ou "supersugestão";
- tome notas com detalhes suficientes e com acurácia para completar a ata depois;
- antes de escrever a ata definitiva, deverá haver uma rápida discussão com o coordenador sobre o contexto, com a finalidade de evitar erros e omissões;
- as atas devem conter dia, data, hora e local da próxima reunião.

Observações e avaliações posteriores às reuniões

Quando a reunião for encerrada e o último participante deixar o recinto, você, como coordenador ou presidente, deverá perguntar-se: "Como me saí?". Como gerente consciencioso e preocupado em fazer um trabalho melhor, isso é muito importante.

Faça perguntas do tipo:"Cada um dos participantes saiu sentindo que ganhou alguma coisa com a reunião?", "Cada um deu o melhor de si?".

Isto é o que se poderia chamar "*post mortem*". É também uma tentativa de determinar se cada uma das seções atingiu os objetivos que haviam sido estabelecidos. Essa análise pode levar a uma alteração nos métodos, ou a uma mudança no conteúdo.

A avaliação vai ajudá-lo a analisar se a reunião foi eficiente e a determinar como você deve melhorar seus conhecimentos e habilidades.

Avaliação da coordenação eficiente

O objetivo é você se perguntar:

- Quais eram os objetivos da reunião?
- Eles foram atingidos?
- Se nem todos foram alcançados, quais foram?
- E os que não foram, por que não?

Você pode compartilhar a Tabela 19.3 com os participantes da reunião e usar as respostas como uma ferramenta de avaliação.

Com este *feedback* e as outras técnicas mostradas neste capítulo, você agora poderá conduzir suas reuniões com eficiência. E os participantes de suas reuniões não poderão mais sair dizendo: "Isto foi uma perda de tempo".

Agora, é com você assumir o controle do seu tempo e da sua vida.

Tabela 19.3 Formulário para avaliação de reuniões

Por favor, avalie os seguintes aspectos da reunião, em uma escala de 1 a 5.

	Baixo 1	2	3	4	*Alto* 5
Pauta/agenda Em que nível a pauta foi seguida?					
Atendendo aos objetivos Em que extensão os objetivos foram alcançados?					
Tempo As reuniões começaram dentro do prazo? Os intervalos de tempo concedidos a cada assunto foram suficientes? A reunião terminou dentro do prazo previsto? Em que extensão o tempo foi bem empregado?					
Participação Foi estabelecida uma atmosfera cordial? A atmosfera foi mantida? Em que nível todos participaram?					

Referências e leituras adicionais

ALESSANDRA, T. *The platinum rule*. Warner Books, 1996.

BERNE, E. *Games people play* – the basic handbook of transactional analysis. New York: Ballantine Books, 1964.

BRIGGS-MYERS, I. *Introduction to type*: A description of the theory and applications of the Myers-Briggs type indicator. Palo Alto, CA: Consulting Psychologists Press, 1987.

DRUCKER, P.F. *Classic Drucker*: essential wisdom of Peter Drucker from the pages of Harvard Business Review. Harvard Business Press, 2006.

GABARRO, J.J. & KOTLER, J.P. *Managing your boss*. Harvard Business Review Classics, 1993.

GITTELSON, B. *Biorhytm, a personal science*. New York: Arco Publishing Company, 1975.

JONES, L. The Johari Window. *Business Executive Journal*, 1999, n. 13, v. 75.

MINTZBERG, H. The manager's job: Folklore and fact. *Harvard Business Review*, maio/junho, 1990.

NICHOLS, R.G. & STEVENS, L.A. *Are you listening?* New York: McGraw-Hill, 1957 (para detalhes da pesquisa realizada na General Electric e na Pfizer, mencionada no Capítulo 14).

PARKER, D & PARKER, J. *The future now*. Mitchell Beazley International, 1988. (para o trabalho de Hans Schwing e Reinbold Bochon, e os estudos realizados na Omega Watch Corporation, na Ohm Railway Company, o sistema de transporte público em Zurique e na US National Lead Company, mencionados no Capítulo 7).

PETERS, T.J. & Waterman, R.H. *In search of excellence*. New York: Harper & Row, 1982.

SEELEY, M & HARGREAVES, G. *Managing in the email office*. Oxford: Butterworth-Heinemann, 2003.

STEWART, R. *Managing today and tomorrow*. Basingstoke: Palgrave Macmillan, 1991.

WASS, D.L. & ONCKEN W JR. Who's got the monkey? *Harvard Business Review*, jan. 1990.

Os autores também se basearam no trabalho de Charles Handy; detalhes de suas publicações podem ser encontrados no site www.wikipedia.org